아이가 글을 다 읽었다고 말하면 어른들은 무슨 내용이었냐고 묻습니다. 물론 아이가 책에 있는 내용을 토씨 하나 틀리지 않게 말하기를 바라고 묻는 건 아닙니다. 그저 인상 깊었던 장면이나 중요하다고 생각하는 내용을 스스로 말할 수 있기를 바랍니다. 하지만 아이는 읽은 글에 대해서 잘 이야기하지 못합니다. 많은 부모님들의 고민이 여기에 있습니다. 어떻게 하면 '글자' 말고 '글'을 읽게 할 수 있을까, 어떻게 하면 글을 제대로 읽고 이해할 수 있을까.

이를 위한 해결책으로 '요약독해'를 제안합니다. '요약'은 자신이 읽은 글을 이해하고 해석하고 새롭게 말이나 글로 표현하는 활동입니다. 요약 기술 안에는 내가 읽은 글의 정보를 구조적으로 파악하고 정리하여 나의 말과 글로 재구성함으로써 핵심을 뽑아 내는 활동이 들어 있습니다. 독해를 할 때는 이런 요약 활동을 하며 읽어야 합니다. 그래야 내가 읽은 글이 무슨 내용을 담고 있는지 핵심을 파악할 수 있습니다. 요약독해를 할 줄 알아야 새로운 글을 만나도 스스로 돌파해 나갈 수 있습니다.

요약독해 능력을 기르면 공부도 잘할 수 있습니다. 공부는 주어진 자료나 정보에서 중요한 부분을 찾는 일에서 시작합니다. 시험에서도 그 중요한 부분에 대해 묻는 문제가 출제되지요. 결국 제대로 공부한다는 것은 스스로 핵심을 찾고 정리하여 기억하는 것을 의미하고, 스스로 핵심을 찾고 정리하는 것은 요약독해 과정과 같습니다. 그래서 요약독해는 성적과 직결될 수밖에 없습니다. 또한 학년이 올라갈수록 다양한 비문학 지문을 접하기 시작합니다. 학생들은 비문학 지문에 대한 막연한 두려움을 가지고 있는데요. 대학수학능력시험의 소위 '킬러 문항' 또한 비문학 지문이지요. 이 비문학 지문을 읽고 해석한 것 또한 요약에서 출발합니다. 텍스트에서 가장 중요한 내용을 찾는 것부터 시작하는 요약 훈련을 통해 낯선 비문학 지문도 쉽게 읽고 이해할 수 있습니다. 요약독해는 결국 모든 학습을 위한 기초입니다.

〈요약독해의 힘〉에서는 먼저 4단계 요약 기술을 훈련합니다. 짧은 글을 대상으로 훈련하여 요약 기술을 내재화한 후, 실전 지문에 적용합니다. 이 과정을 통해 요약독해의 힘이 쌓이면 어느새 세상의 모든 글이 만만해질 것입니다.

기적학습연구소 국어팀 일동

# 학습 설계와 활용법

## 기본 요약 기술 훈련 | 4단계 요약 기술을 익히고 훈련합니다.

### 1단계 핵심어 찾기

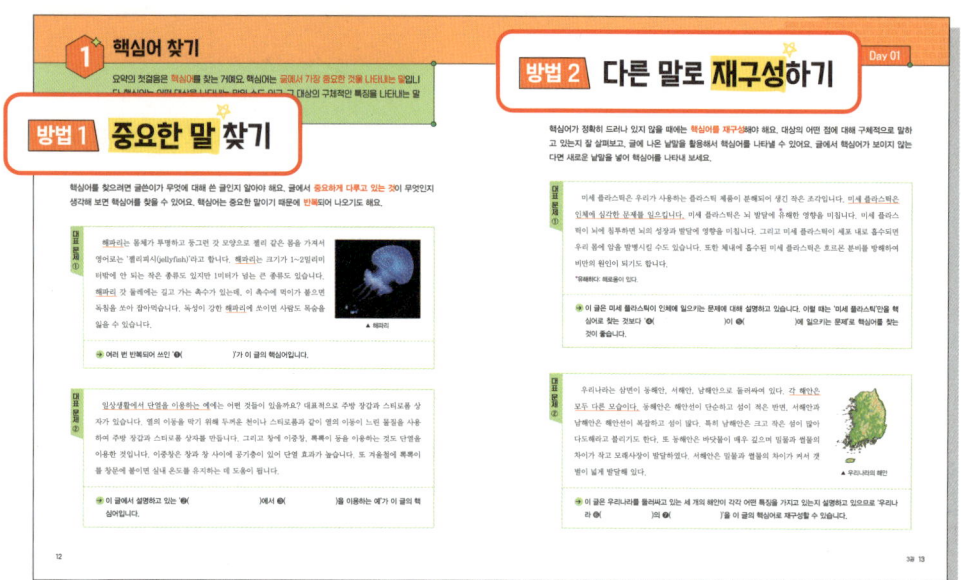

핵심어를 찾는 두 가지 방법을 배우고 대표 문제와 연습 문제를 풀면서 핵심어 찾기 기술을 익힙니다.

### 2단계 중심 문장 찾기

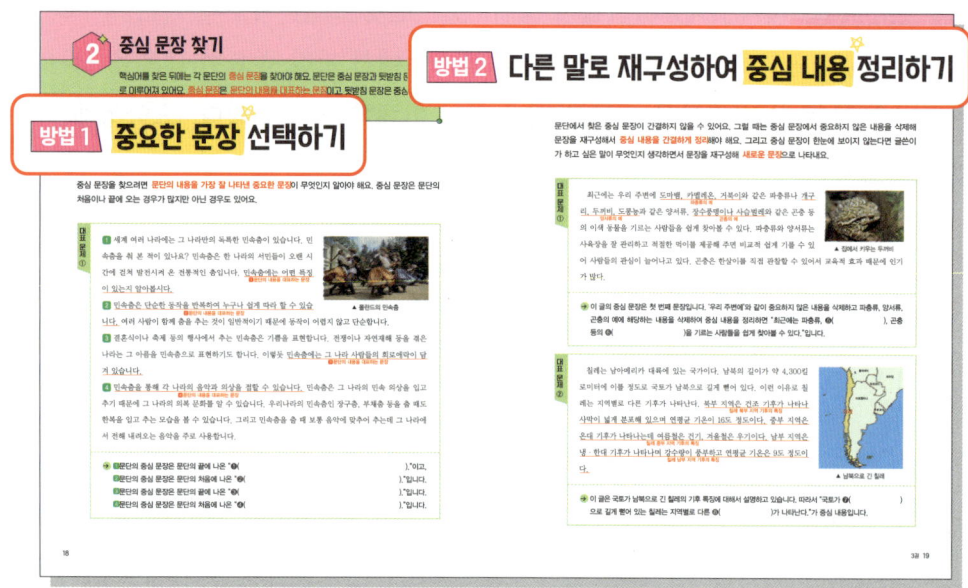

문단의 중심 문장을 찾는 방법을 배우고 대표 문제와 연습 문제를 풀면서 중심 문장을 찾는 기술을 익힙니다.

\*각 권은 기본 파트와 실전 파트로 구성되어 있고 30일 만에 완성할 수 있습니다. 기본 파트는 4단계, 실전 파트는 25개의 지문으로 구성되어 있습니다. 각자의 속도에 맞춰 학습을 진행하세요.

## 3단계 글의 짜임에 맞게 정리하기 ①, ②

글의 짜임 네 가지를 배우고, 대표 문제와 연습 문제를 풀면서 각 짜임에 알맞은 틀에 글의 내용을 정리하는 연습을 합니다. 이를 통해 글의 핵심 내용을 파악하는 능력을 기를 수 있습니다.

### 방법 1. 나열 짜임

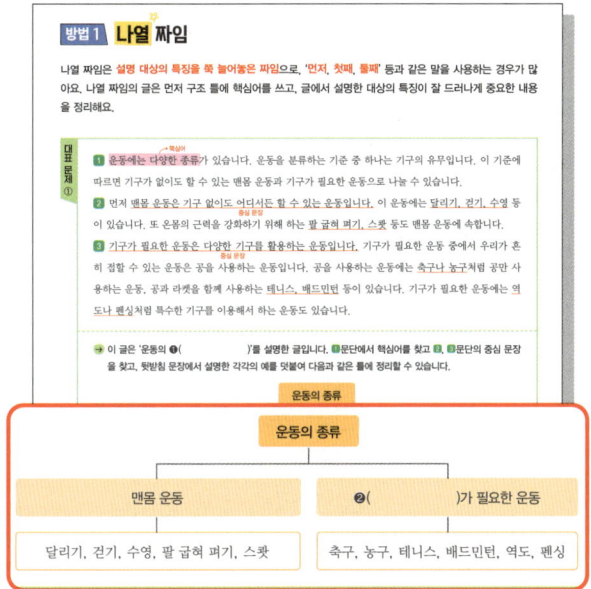

### 방법 2. 순서 짜임

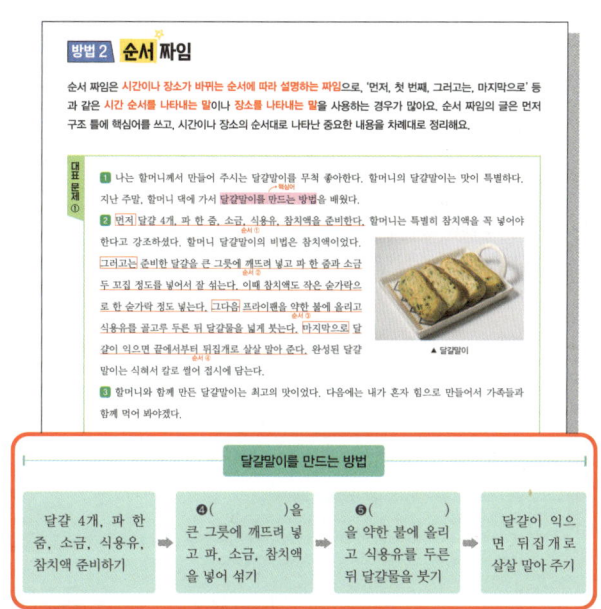

### 방법 3. 비교와 대조 짜임

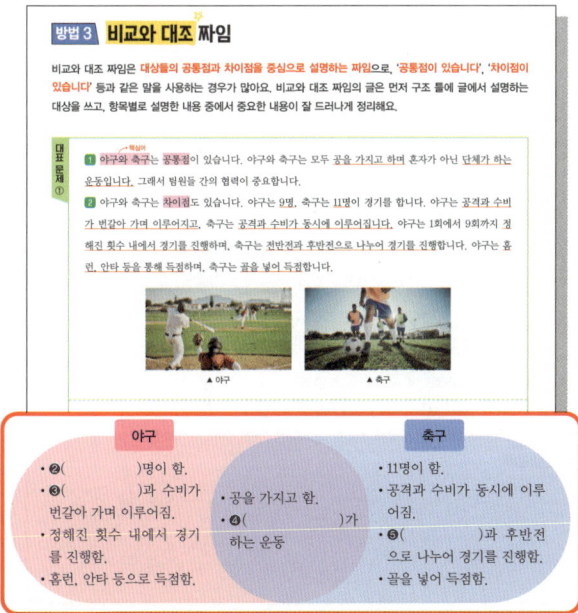

### 방법 4. 문제와 해결 짜임

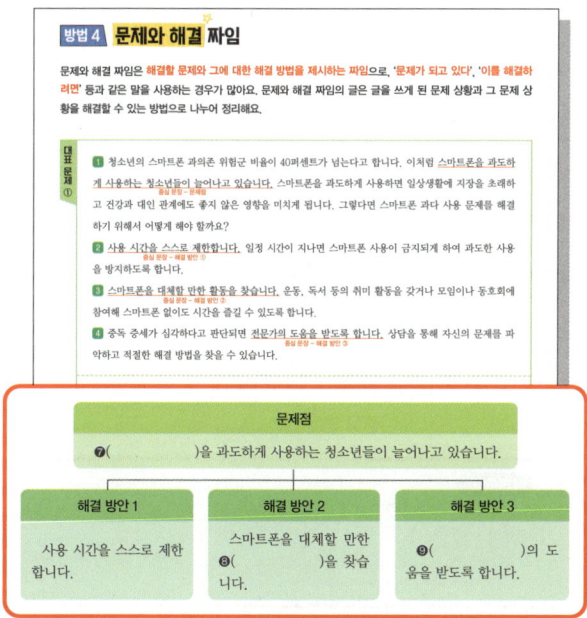

# 4단계 요약하기

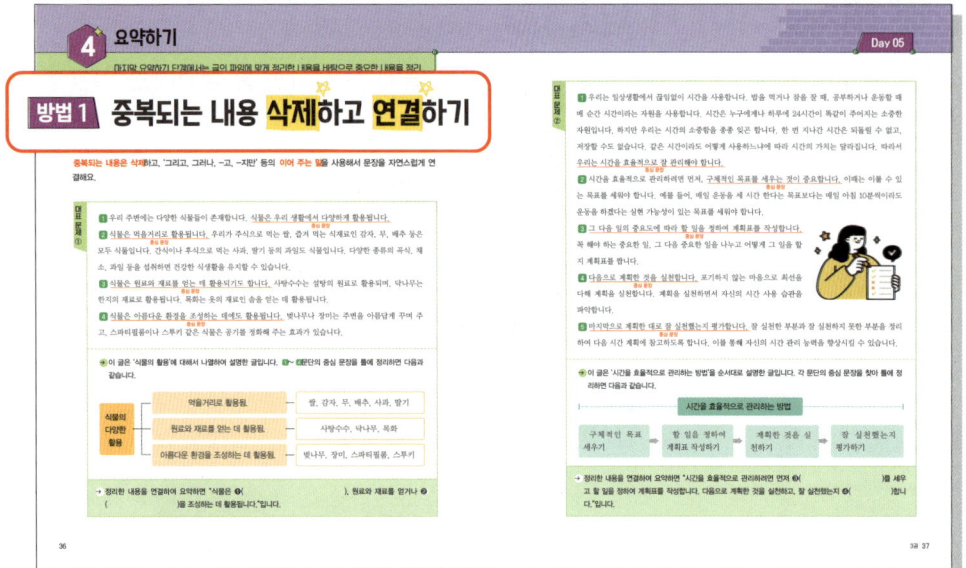

중복되는 말을 삭제하고 이어 주는 말을 사용하여 요약하는 방법을 배우고, 대표 문제를 풀어 봅니다.

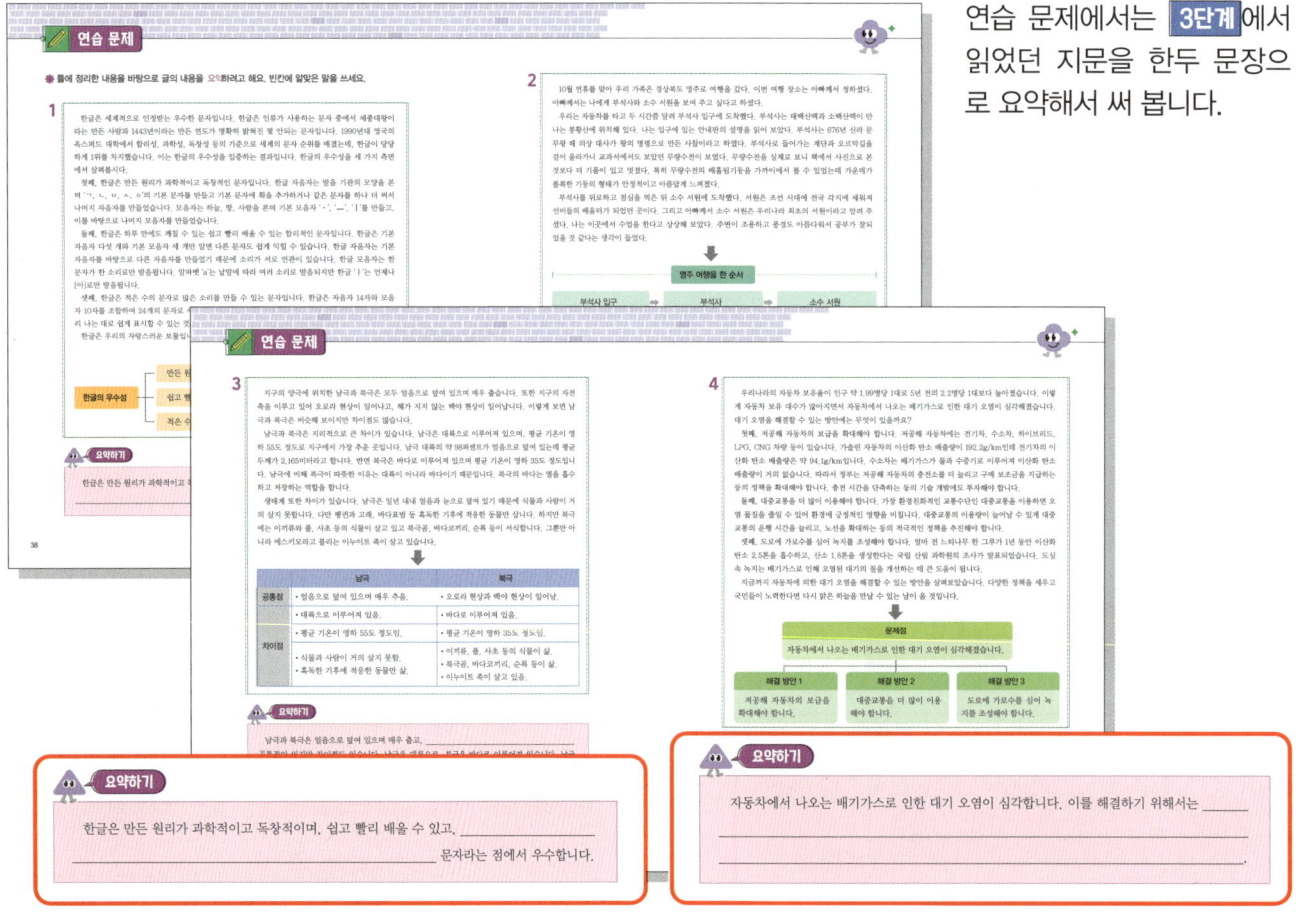

연습 문제에서는 **3단계**에서 읽었던 지문을 한두 문장으로 요약해서 써 봅니다.

## 실전 요약 기술 적용
앞에서 배운 요약 4단계 기술을 긴 글에 적용해 보며 실전 독해에 대비합니다.

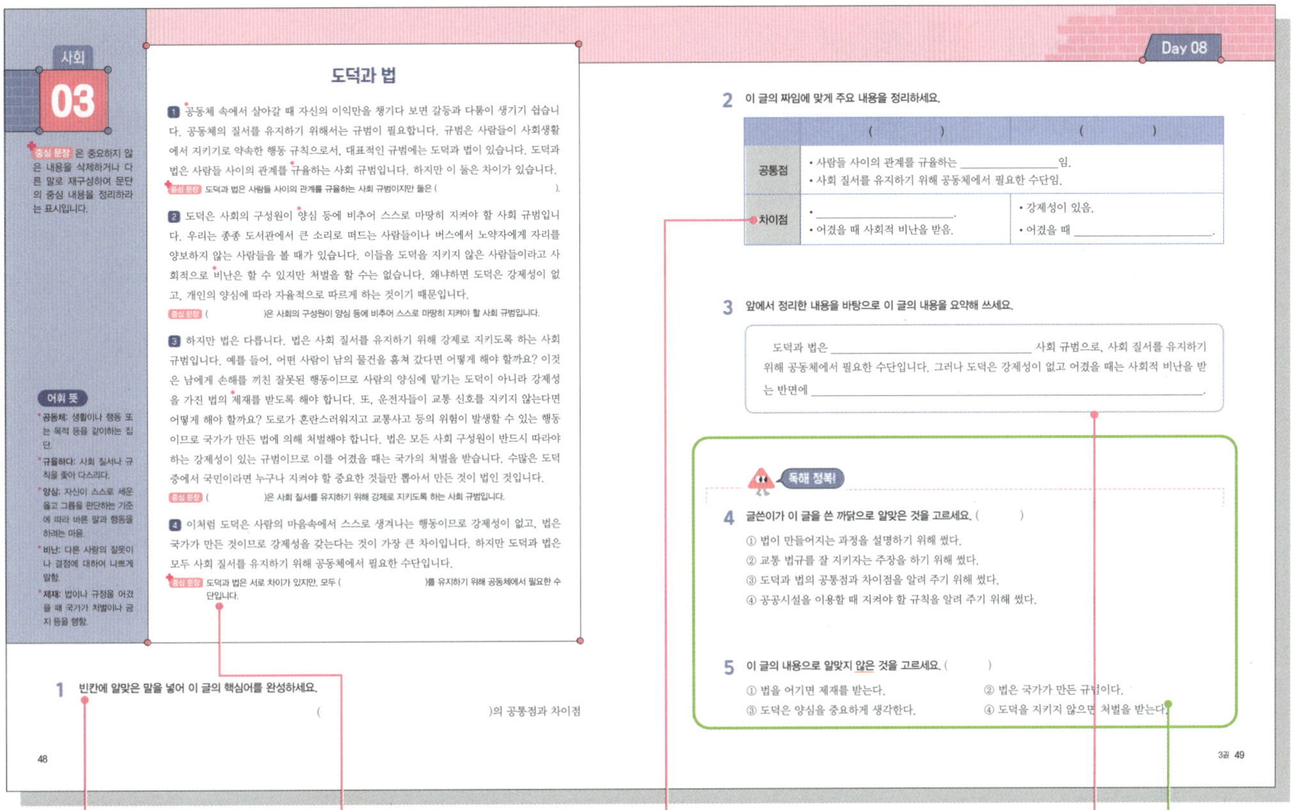

**1단계 핵심어 찾기**

**2단계 중심 문장 찾기**

중심 문장 은 문단 안에서 중심 문장을 그대로 찾아 쓰면 됩니다.

중심 문장 은 중심 문장을 스스로 재구성하여 정리합니다.

중심 문장을 찾는 두 가지 경우를 구분하여 연습할 수 있게 하였습니다.

**3단계 글의 짜임에 맞게 정리하기**

**4단계 요약하기**

### 독해 정복!
4단계에 거쳐 요약을 마친 후 실전 독해 문제를 풀어 봅니다. 글의 내용을 요약하며 읽으면 독해 문제를 쉽게 풀 수 있습니다.

# 이 책의 차례

## 기본 요약 기술 훈련

| Day 01 | 1 | 핵심어 찾기 | 12쪽 |
| Day 02 | 2 | 중심 문장 찾기 | 18쪽 |
| Day 03 | 3 | 글의 짜임에 맞게 정리하기 ① | 24쪽 |
| Day 04 |   | 글의 짜임에 맞게 정리하기 ② | 30쪽 |
| Day 05 | 4 | 요약하기 | 36쪽 |

## 실전 요약 기술 적용

| Day 06 | 01 | 우리가 몰랐던 행성 이야기 | 과학 | 44쪽 |
| Day 07 | 02 | 햇볕과 바람이 꽃피운 천일염 |  | 46쪽 |
| Day 08 | 03 | 도덕과 법 | 사회 | 48쪽 |
| Day 09 | 04 | 혹사당하는 지구촌 아이들 |  | 50쪽 |
| Day 10 | 05 | 청나라와 맞서 싸울 것인가 | 사회 | 52쪽 |

| Day 11 | 06 | 한자의 생성 원리 |  | 54쪽 |
| Day 12 | 07 | 비행기의 역사 속으로 |  | 56쪽 |
| Day 13 | 08 | 수도권 인구 집중 이대로 괜찮을까 | 사회 | 58쪽 |
| Day 14 | 09 | 세계 최고의 박물관들을 만나다 | 미술 | 60쪽 |
| Day 15 | 10 | 구름, 안개, 이슬의 정체 | 과학 | 62쪽 |

| | | | | |
|---|---|---|---|---|
| Day 16 | 11 | 자전거는 어떻게 이루어져 있을까? | 실과 | 64쪽 |
| Day 17 | 12 | 단소와 리코더 | 음악 | 66쪽 |
| Day 18 | 13 | 음식물의 몸속 여행 | | 68쪽 |
| Day 19 | 14 | 인간과 더불어 살아가야 할 곰팡이 | 과학 | 70쪽 |
| Day 20 | 15 | 패스트 패션에서 벗어나자 | | 72쪽 |
| Day 21 | 16 | 어디까지가 우리나라 영역인가? | 사회 | 74쪽 |
| Day 22 | 17 | 미세 먼지와 황사 | | 76쪽 |
| Day 23 | 18 | 청소년기에 놓쳐서는 안 되는 여가 활동 | 체육 | 78쪽 |
| Day 24 | 19 | 빠르기를 속력으로 나타낼 수 있다고? | 과학 | 80쪽 |
| Day 25 | 20 | 고령화 문제가 심각하다 | | 82쪽 |
| Day 26 | 21 | 양날의 검, 노이즈 마케팅 | | 84쪽 |
| Day 27 | 22 | 테니스와 배드민턴 | | 86쪽 |
| Day 28 | 23 | 해양 산성화의 위협 | 과학 | 88쪽 |
| Day 29 | 24 | 팔만대장경은 어떻게 만들었을까? | 사회 | 90쪽 |
| Day 30 | 25 | 인공 지능은 저작권자가 될 수 없다 | 도덕 | 92쪽 |

정답 및 해설　95쪽

## 요약 전, 알고 있어야 할 것들

 **'글'은 무엇으로 이루어져 있나요?**

문장이 모여 문단을 이루고 문단이 모여 글을 이루어요. 문단은 문장이 여러 개 모여 한 가지 생각을 나타내는 것이에요. 문단은 줄이 바뀌는 부분을 찾으면 쉽게 구분할 수 있어요. 다음 글을 살펴봐요.

① 씨름은 우리나라에서 오래전부터 해 온 민속놀이이자 운동 경기입니다. 씨름은 두 사람이 상대방의 샅바를 잡고 힘과 기술을 겨루어 상대를 넘어뜨리는 것으로 승부를 겨룹니다. 두 명 중 먼저 넘어지거나 손이나 무릎이 먼저 땅에 닿은 사람이 지게 됩니다.

② 씨름은 예절을 중요하게 여기는 운동 경기로 상대방을 향한 인사로 경기를 시작합니다. 그리고 마주 앉아 왼손으로 다리샅바를 잡고, 오른손으로 허리샅바를 잡은 후 일어서서 준비 자세를 취합니다. 심판의 호각 소리와 함께 경기가 시작되면 선수는 손 기술, 다리 기술, 허리 기술, 혼합 기술 등의 다양한 기술을 사용하여 상대를 넘어뜨립니다. 경기 후 서로 인사하며 마무리합니다.

③ 우리 조상들은 씨름을 주로 단오와 추석에 즐겨 하였습니다. 씨름판에서 맨 마지막으로 이기는 사람에게 황소 한 마리를 상으로 주기도 했습니다.

이 글은 **3개의 문단**으로 이루어져 있어.
① 문단은 3개의 문장으로 이루어져 있고,
② 문단은 4개의 문장으로 이루어져 있어.
③ 문단은 2개의 문장으로 이루어져 있어.

##  '글'은 어떤 구조로 이루어져 있나요?

글의 구조는 글의 종류에 따라 달라요. 설명하는 글은 '처음-가운데-끝'으로 이루어져 있고, 주장하는 글은 '서론-본론-결론'으로 이루어져 있어요. 글의 구조를 파악하고 글을 읽으면 요약독해가 더 쉽답니다. 글의 각 부분에는 다음과 같은 내용이 들어가요.

### 설명하는 글

1. 뼈는 사람의 골격을 이루는 가장 단단한 조직 중의 하나로, 사람의 몸을 만드는 데 중심이 됩니다. 뼈는 다음과 같은 중요한 일을 합니다.
2. 첫째, 뼈는 체형의 틀을 이루고 뼈 주위에 있는 기관이나 조직들이 뼈에 의지하도록 버티는 역할을 합니다.
3. 둘째, 뼈는 몸속의 기관들을 보호합니다. 둥근 모양의 머리뼈는 뇌를 보호해 주고, 갈비뼈는 심장과 간, 폐 등을 보호해 줍니다.
4. 셋째, 뼈는 몸을 움직일 수 있게 해 줍니다. 좌우로 움직일 수 있는 목뼈, 빙글빙글 돌릴 수 있는 팔뼈, 구부릴 수 있는 등뼈 등이 우리 몸을 움직일 수 있게 합니다.
5. 이처럼 뼈는 우리 몸속에서 다양한 일을 하고 있습니다.

- **처음**: 설명 대상을 밝힘.
- **가운데**: 문단을 나누어 주제에 맞게 설명함.
- **끝**: 설명한 내용을 요약하고 마무리함.

### 주장하는 글

1. 전 세계에서 시행되고 있는 동물 실험으로 매년 약 6억 마리의 동물들이 희생됩니다. 인간을 위한 목적으로 동물 실험을 하지만, 동물 실험은 중단되어야 합니다. 동물 실험을 중단해야 하는 까닭은 다음과 같습니다.
2. 첫째, 동물 실험은 동물을 학대하는 것입니다. 인간의 생명만 소중한 것이 아니라 동물의 생명도 소중합니다.
3. 둘째, 인간과 동물은 다르기 때문에 동물 실험의 결과를 인간에게 그대로 적용할 수 없는 경우가 많습니다.
4. 모든 생명은 소중합니다. 더 이상 동물 실험으로 불쌍한 동물들이 희생되지 않도록 해야 합니다.

- **서론**: 문제 상황과 주장을 밝힘.
- **본론**: 주장에 대한 근거를 제시함.
- **결론**: 주장을 요약하고 강조함.

# 기본
## 요약 기술 훈련

'요약독해' 출발점에 선 친구들을 환영합니다. 기본 파트에서는 요약 기술 훈련을 합니다. 요약을 할 때는 가장 먼저 핵심어를 찾고, 중심 문장을 찾습니다. 그다음은 글의 구조를 파악하고 짜임에 맞게 틀 안에 정리를 합니다. 글을 시각적으로 구조화시키며 읽으면 핵심을 파악하는 능력이 길러집니다. 마지막 단계에서는 앞에서 정리한 내용을 바탕으로 스스로 요약을 합니다. 4단계의 요약 기술 훈련을 무사히 마친다면, 독해 자신감이 장착될 거예요. 이제 함께 출발해 봅시다.

### 학습 계획표

| 학습 내용 | 날짜 | 확인 |
|---|---|---|
| 1 핵심어 찾기 | Day 01    / | |
| 2 중심 문장 찾기 | Day 02    / | |
| 3 글의 짜임에 맞게 정리하기 ①, ② | Day 03    / | |
|  | Day 04    / | |
| 4 요약하기 | Day 05    / | |

# 1 핵심어 찾기

요약의 첫걸음은 **핵심어**를 찾는 거예요. 핵심어는 **글에서 가장 중요한 것을 나타내는 말**입니다. 핵심어는 어떤 대상을 나타내는 말일 수도 있고, 그 대상의 구체적인 특징을 나타내는 말일 수도 있어요.

## 방법 1 중요한 말 찾기

핵심어를 찾으려면 글쓴이가 무엇에 대해 쓴 글인지 알아야 해요. 글에서 **중요하게 다루고 있는 것**이 무엇인지 생각해 보면 핵심어를 찾을 수 있어요. 핵심어는 중요한 말이기 때문에 **반복**되어 나오기도 해요.

### 대표 문제 ①

해파리는 몸체가 투명하고 둥그런 갓 모양으로 젤리 같은 몸을 가져서 영어로는 '젤리피시(jellyfish)'라고 합니다. 해파리는 크기가 1~2밀리미터밖에 안 되는 작은 종류도 있지만 1미터가 넘는 큰 종류도 있습니다. 해파리 갓 둘레에는 길고 가는 촉수가 있는데, 이 촉수에 먹이가 붙으면 독침을 쏘아 잡아먹습니다. 독성이 강한 해파리에 쏘이면 사람도 목숨을 잃을 수 있습니다.

▲ 해파리

→ 여러 번 반복되어 쓰인 '❶(　　　　　)'가 이 글의 핵심어입니다.

### 대표 문제 ②

일상생활에서 단열을 이용하는 예에는 어떤 것들이 있을까요? 대표적으로 주방 장갑과 스티로폼 상자가 있습니다. 열의 이동을 막기 위해 두꺼운 천이나 스티로폼과 같이 열의 이동이 느린 물질을 사용하여 주방 장갑과 스티로폼 상자를 만듭니다. 그리고 창에 이중창, 뽁뽁이 등을 이용하는 것도 단열을 이용한 것입니다. 이중창은 창과 창 사이에 공기층이 있어 단열 효과가 높습니다. 또 겨울철에 뽁뽁이를 창문에 붙이면 실내 온도를 유지하는 데 도움이 됩니다.

→ 이 글에서 설명하고 있는 '❷(　　　　　)에서 ❸(　　　　　)을 이용하는 예'가 이 글의 핵심어입니다.

## 방법 2  다른 말로 재구성하기

핵심어가 정확히 드러나 있지 않을 때에는 **핵심어를 재구성**해야 해요. 대상의 어떤 점에 대해 구체적으로 말하고 있는지 잘 살펴보고, 글에 나온 낱말을 활용해서 핵심어를 나타낼 수 있어요. 글에서 핵심어가 보이지 않는다면 새로운 낱말을 넣어 핵심어를 나타내 보세요.

**대표 문제 ①**

미세 플라스틱은 우리가 사용하는 플라스틱 제품이 분해되어 생긴 작은 조각입니다. 미세 플라스틱은 인체에 심각한 문제를 일으킵니다. 미세 플라스틱은 뇌 발달에 유해한* 영향을 미칩니다. 미세 플라스틱이 뇌에 침투하면 뇌의 성장과 발달에 영향을 미칩니다. 그리고 미세 플라스틱이 세포 내로 흡수되면 우리 몸에 암을 발병시킬 수도 있습니다. 또한 체내에 흡수된 미세 플라스틱은 호르몬 분비를 방해하여 비만의 원인이 되기도 합니다.

*유해하다: 해로움이 있다.

→ 이 글은 미세 플라스틱이 인체에 일으키는 문제에 대해 설명하고 있습니다. 이럴 때는 '미세 플라스틱'만을 핵심어로 찾는 것보다 '❹(            )이 ❺(            )에 일으키는 문제'로 핵심어를 찾는 것이 좋습니다.

**대표 문제 ②**

우리나라는 삼면이 동해안, 서해안, 남해안으로 둘러싸여 있다. 각 해안은 모두 다른 모습이다. 동해안은 해안선이 단순하고 섬이 적은 반면, 서해안과 남해안은 해안선이 복잡하고 섬이 많다. 특히 남해안은 크고 작은 섬이 많아 다도해라고 불리기도 한다. 또 동해안은 바닷물이 매우 깊으며 밀물과 썰물의 차이가 작고 모래사장이 발달하였다. 서해안은 밀물과 썰물의 차이가 커서 갯벌이 넓게 발달해 있다.

▲ 우리나라의 해안

→ 이 글은 우리나라를 둘러싸고 있는 세 개의 해안이 각각 어떤 특징을 가지고 있는지 설명하고 있으므로 '우리나라 ❻(            )의 ❼(            )'을 이 글의 핵심어로 재구성할 수 있습니다.

## 연습 문제

**1** 다음 글의 핵심어를 찾아 ○표 하세요.

**1**
　　다보탑은 경주 불국사에 있는 통일 신라 시대의 대표적인 돌탑으로, 모양이 매우 화려합니다. 십자 모양의 받침 주변에는 사방으로 돌계단이 있고 그 위로 사각, 팔각, 원 모양의 돌이 쌓여 있습니다. 다보탑은 우리 조상의 뛰어난 솜씨를 보여 주는 귀중한 우리의 국보입니다.

① 국보　　　　　　② 불국사　　　　　　③ 다보탑

**2**
　　오리너구리는 수달처럼 반들반들한 갈색 털과 오리를 닮은 부리를 가지고 있습니다. 꼬리는 납작하고 발에는 물갈퀴가 있습니다. 오리너구리는 하천이나 작은 호수 근처에 굴을 파고 살며, 물속과 땅 위를 자유롭게 오가면서 생활합니다. 오리너구리는 알에서 나온 새끼에게 젖을 먹여 키우는 신기한 동물입니다.

① 오리　　　　　　② 수달　　　　　　③ 오리너구리

**3**
　　'피그말리온 효과'라는 말은 그리스 로마 신화에서 유래되었습니다. 조각가 피그말리온은 자신이 만든 조각상 갈라테이아와 사랑에 빠졌고 여신 아프로디테는 그 사랑에 감동하여 갈라테이아에게 생명을 불어넣어 주었습니다. 간절히 원하면 이룰 수 있다는 것을 보여 주는 신화에서 긍정적인 기대나 관심이 좋은 영향을 미친다는 '피그말리온 효과'가 유래된 것입니다.

① 피그말리온 효과의 예　　② 피그말리온 효과의 단점　　③ 피그말리온 효과의 유래

**4**
　　소리의 높고 낮은 정도를 소리의 높낮이라고 한다. 소리의 높낮이는 소리의 진동수에 의해 결정된다. 진동수가 큰 음이 높은 음이고, 작은 음이 낮은 음이다. 우리 생활에서 소리의 높낮이를 활용하는 경우가 있는데 구급차의 경보음이나 화재경보기는 소리의 높낮이를 달리해 사람들에게 위급한 상황임을 알린다.

① 소리의 진동수　　　② 소리의 높낮이　　　③ 구급차의 경보음

## 2 다음 글의 핵심어를 찾아 쓰세요.

**1**

　거중기는 정약용이 『기기도설』이라는 책을 참고하여 만든 기계입니다. 도르래의 원리를 이용하여 무거운 물건을 들 수 있도록 만든 거중기는 1792년 수원 화성을 쌓는 데 처음으로 사용되었습니다. 거중기는 고정 도르래와 움직도르래를 모두 사용하여 무거운 돌을 적은 힘으로 들어 올리는 데 큰 역할을 하였습니다.

(　　　　　　　　　　　)

**2**

　테트리스는 러시아의 컴퓨터 과학자 파지노프가 만든 퍼즐 게임입니다. 정사각형 4개로 이루어진 테트로미노 블록을 쌓아 한 줄이 빈틈없이 채워지면 그 줄에 있는 블록들이 사라지면서 점수를 얻는 게임입니다. 게임을 할 때 먼저 내려오는 블록을 잘 살펴보고 어떻게 돌리면 빈틈없이 채울 수 있는지 생각하면서 블록을 돌려야 합니다.

(　　　　　　　　　　　)

**3**

　혹시 피부색, 언어, 종교 등이 다르다는 이유로 다른 사람에게 편견을 갖거나 차별을 한 적은 없나요? 우리는 알게 모르게 편견과 차별이 있는 세상에서 살아갑니다. 편견은 공정하지 못하고 한쪽으로 치우친 의견이나 생각을 말하고, 차별은 어떤 기준을 두어 대상을 구별하고 부당하게 대우하는 일을 말합니다. 편견은 차별로 이어질 수 있기 때문에 주의해야 합니다.

(　　　　　　　　　　　)

**4**

　정보를 중심으로 사회나 경제가 변화하고 발전해 가는 과정인 정보화의 이점은 다음과 같다. 사람들은 스마트폰이나 인터넷 등을 이용하여 다양한 정보와 지식을 쉽고 빠르게 얻을 수 있다. 또한 다양한 사람들이 가상 공간에서 서로 관계를 맺으며 의사소통을 할 수 있다.

(　　　　　　　　　　　)

## 연습 문제

**3** 다음 글의 핵심어를 찾아 ○표 하세요.

**1**
　요즘은 화학적인 방법으로 물감을 만들지만 옛날에는 대부분 자연에서 얻거나 자연물을 이용하여 물감을 만들었습니다. 색색의 돌을 곱게 갈아 체에 거른 후 동물 뼈를 끓여 만든 아교를 섞어 물감을 만들어 사용했습니다. 이렇게 만든 물감은 보통 녹청색, 군청색을 띠었습니다. 또한 식물에서 \*염료를 채취하기도 했습니다. 붉은 색은 홍화라는 꽃잎에서, 황색은 치자나무 열매의 수액에서 채취하였습니다.

\***염료**: 옷감 등에 색깔을 들이는 물질.

① 아교를 사용하는 법　　② 돌로 물감을 만드는 방법　　③ 옛날에 물감을 만든 방법

**2**
　닥나무 껍질을 원료로 하여 만든 우리나라 고유의 종이인 한지는 쓰임새가 많다. 한지는 주로 붓글씨를 쓰는 종이나 동양화를 그리는 서예지로 쓰인다. 또 바람과 추위를 잘 막아 주기 때문에 창문이나 문틈을 막는 도배지나 창호지로 쓰이기도 하고, 가볍고 부드러운 성질 때문에 부채나 장식품의 재료가 되는 공예지로 쓰이기도 한다.

① 한지의 의미　　② 한지의 색깔　　③ 한지의 쓰임새

**3**
　충무김밥이라는 이름 속 '충무'는 경상남도 통영의 옛 지명입니다. 이 지역은 예로부터 어업을 주된 생업으로 삼아 온 곳입니다. 물고기를 잡는 어업 특성상 어부들은 정해진 시간에 끼니를 해결하기 어려워 김밥을 준비하여 바다로 나가곤 했습니다. 그런데 여름철만 되면 김밥이 상해서 먹지 못하는 일이 생겼습니다. 이를 해결하기 위해 김에 밥만 싸고 무김치, 오징어무침 등의 반찬을 따로 준비하게 되었다고 합니다.

▲ 충무김밥

① 통영의 옛 지명　　② 충무김밥의 유래　　③ 충무김밥을 만드는 법

**4** 다음 빈칸에 알맞은 말을 넣어 **핵심어**를 완성하세요.

**1**

우리 주변에는 삼각형 모양을 활용한 건축물이 많이 있다. 삼각형 모양으로 건축물을 지으면 건축물을 튼튼하고 안정적으로 지을 수 있다. 삼각형은 세 변 중 두 변이 한 점에서 만나 서로 밀어내는 힘이 생기는데 그 힘이 두 변을 타고 내려와 나머지 한 변을 꽉 잡아 준다. 이 때문에 안정적으로 일정한 모양을 유지할 수 있는 것이다.

▲ 프랑스 루브르 박물관 앞에 있는 삼각형 모양의 유리 피라미드

삼각형 모양으로 건축물을 지으면 (　　　　　　　　　)

**2**

강원도 설악산에 올라가면 울산바위가 있습니다. 울산바위가 울산에 있지 않고 강원도에 있는 이유가 궁금하지 않나요? 여기에는 옛날부터 전해 내려오는 전설이 있습니다. 조물주가 금강산의 경관을 만들려고 잘생긴 바위는 모두 금강산에 모이도록 불렀습니다. 그중 울산에 있었던 큰 바위도 금강산에 들어가고자 부지런히 길을 걸었습니다. 하지만 설악산에 이르렀을 때 금강산의 일만 이천 봉이 모두 완성되었다는 소식을 듣고 다시 울산으로 돌아가지도 못하고 설악산에 자리를 잡게 되었다고 합니다.

울산바위에 전해 내려오는 (　　　　　　　　　)

**3**

식물을 가꾸려면 먼저 가꾸는 목적에 적합한 식물을 정하고 가꿀 식물에 대해 조사한다. 식물은 종류에 따라 심는 장소, 관리하는 방법 등이 다르기 때문에 이를 조사하여 정확히 파악해야 한다. 그리고 식물의 모종이나 씨앗, 심을 공간, 식물을 심는 데 필요한 도구를 준비한다. 그다음은 화분이나 텃밭에 씨앗을 심거나 모종을 옮겨 심고 물과 거름을 준다. 그리고 식물에 해충이 생기지 않도록 관리한다.

식물을 가꾸는 (　　　　　　　　　)

# 2 중심 문장 찾기

핵심어를 찾은 뒤에는 각 문단의 **중심 문장**을 찾아야 해요. 문단은 중심 문장과 뒷받침 문장으로 이루어져 있어요. **중심 문장**은 **문단의 내용을 대표하는 문장**이고, 뒷받침 문장은 중심 문장을 덧붙여 설명하거나 예를 드는 방법으로 도와주는 문장이에요.

## 방법 1 중요한 문장 선택하기

중심 문장을 찾으려면 **문단의 내용을 가장 잘 나타낸 중요한 문장**이 무엇인지 알아야 해요. 중심 문장은 문단의 처음이나 끝에 오는 경우가 많지만 아닌 경우도 있어요.

**대표 문제 ①**

1 세계 여러 나라에는 그 나라만의 독특한 민속춤이 있습니다. 민속춤을 춰 본 적이 있나요? 민속춤은 한 나라의 서민들이 오랜 시간에 걸쳐 발전시켜 온 전통적인 춤입니다. <u>민속춤에는 어떤 특징이 있는지 알아봅시다.</u> ❶문단의 내용을 대표하는 문장

2 <u>민속춤은 단순한 동작을 반복하여 누구나 쉽게 따라 할 수 있습니다.</u> ❷문단의 내용을 대표하는 문장 여러 사람이 함께 춤을 추는 것이 일반적이기 때문에 동작이 어렵지 않고 단순합니다.

3 결혼식이나 축제 등의 행사에서 추는 민속춤은 기쁨을 표현합니다. 전쟁이나 자연재해 등을 겪은 나라는 그 아픔을 민속춤으로 표현하기도 합니다. 이렇듯 <u>민속춤에는 그 나라 사람들의 희로애락이 담겨 있습니다.</u> ❸문단의 내용을 대표하는 문장

4 <u>민속춤을 통해 각 나라의 음악과 의상을 접할 수 있습니다.</u> ❹문단의 내용을 대표하는 문장 민속춤은 그 나라의 민속 의상을 입고 추기 때문에 그 나라의 의복 문화를 알 수 있습니다. 우리나라의 민속춤인 장구춤, 부채춤 등을 출 때도 한복을 입고 추는 모습을 볼 수 있습니다. 그리고 민속춤을 출 때 보통 음악에 맞추어 추는데 그 나라에서 전해 내려오는 음악을 주로 사용합니다.

▲ 폴란드의 민속춤

→ 1문단의 중심 문장은 문단의 끝에 나온 "❶( )."이고,
2문단의 중심 문장은 문단의 처음에 나온 "❷( )."입니다.
3문단의 중심 문장은 문단의 끝에 나온 "❸( )."입니다.
4문단의 중심 문장은 문단의 처음에 나온 "❹( )."입니다.

# 방법 2 다른 말로 재구성하여 중심 내용 정리하기

문단에서 찾은 중심 문장이 간결하지 않을 수 있어요. 그럴 때는 중심 문장에서 중요하지 않은 내용을 삭제해 문장을 재구성해서 **중심 내용을 간결하게 정리**해야 해요. 그리고 중심 문장이 한눈에 보이지 않는다면 글쓴이가 하고 싶은 말이 무엇인지 생각하면서 문장을 재구성해 **새로운 문장**으로 나타내요.

### 대표 문제 ①

최근에는 우리 주변에 도마뱀, 카멜레온, 거북이와 같은 파충류나 개구리, 두꺼비, 도롱뇽과 같은 양서류, 장수풍뎅이나 사슴벌레와 같은 곤충 등의 이색 동물을 기르는 사람들을 쉽게 찾아볼 수 있다. 파충류와 양서류는 사육장을 잘 관리하고 적절한 먹이를 제공해 주면 비교적 쉽게 기를 수 있어 사람들의 관심이 늘어나고 있다. 곤충은 한살이를 직접 관찰할 수 있어서 교육적 효과 때문에 인기가 많다.

(밑줄 주석: 파충류의 예, 양서류의 예, 곤충의 예)

▲ 집에서 키우는 두꺼비

→ 이 글의 중심 문장은 첫 번째 문장입니다. '우리 주변에'와 같이 중요하지 않은 내용을 삭제하고 파충류, 양서류, 곤충의 예에 해당하는 내용을 삭제하여 중심 내용을 정리하면 "최근에는 파충류, ❺( ), 곤충 등의 ❻( )을 기르는 사람들을 쉽게 찾아볼 수 있다."입니다.

### 대표 문제 ②

칠레는 남아메리카 대륙에 있는 국가이다. 남북의 길이가 약 4,300킬로미터에 이를 정도로 국토가 남북으로 길게 뻗어 있다. 이런 이유로 칠레는 지역별로 다른 기후가 나타난다. 북부 지역은 건조 기후가 나타나 사막이 넓게 분포해 있으며 연평균 기온이 16도 정도이다. 중부 지역은 온대 기후가 나타나는데 여름철은 건기, 겨울철은 우기이다. 남부 지역은 냉·한대 기후가 나타나며 강수량이 풍부하고 연평균 기온은 9도 정도이다.

(밑줄 주석: 칠레 북부 지역 기후의 특징, 칠레 중부 지역 기후의 특징, 칠레 남부 지역 기후의 특징)

▲ 남북으로 긴 칠레

→ 이 글은 국토가 남북으로 긴 칠레의 기후 특징에 대해서 설명하고 있습니다. 따라서 "국토가 ❼( )으로 길게 뻗어 있는 칠레는 지역별로 다른 ❽( )가 나타난다."가 중심 내용입니다.

## 연습 문제

**1** 다음 ㉠과 ㉡ 중 문단의 중심 문장을 찾아 기호를 쓰세요.

1  ㉠움집은 신석기 시대와 청동기 시대에 널리 사용된 집으로 그 당시 사람들에게 중요한 생활 공간이었습니다. 움집은 땅을 파서 만든 반지하 형태의 집으로 여름에는 시원하고 겨울에는 따뜻하게 지낼 수 있었습니다. 내부에는 화덕과 저장 구덩이를 만들어 음식을 조리하고 저장할 수 있었습니다. 또한 ㉡먹을거리를 얻기 쉽도록 주로 강가나 해안가에 지었습니다.

(　　　)

2  ㉠물고기들은 떼를 지어 다니는 군영을 합니다. 군영의 가장 흔한 형식은 무리를 만들어 같은 방향으로 일정한 간격을 유지하며 움직이는 것입니다. ㉡군영은 다양한 종의 어류가 함께 이동하면서 먹이를 찾거나 적으로부터 몸을 지키는 데 효과적입니다.

(　　　)

3  ㉠사막 지역에서 자라는 선인장은 건조한 환경에 적응하기 위한 다양한 특징을 가지고 있다. 우선 잎이 가시 모양인데 이 때문에 동물들이 잎을 먹지 못해 물이 손실되는 것을 막을 수 있다. 또한 녹색 줄기가 두꺼운 층으로 덮여 있어 내부 조직에 있는 큰 세포에 물을 저장할 수 있다. ㉡선인장은 공기와 수증기의 출입이 일어나는 기공이 줄기에 있다. 낮에는 주로 기공이 닫혀 있어 공기 중으로 수증기가 빠져나가는 것을 최대한 막아 준다.

(　　　)

4  ㉠습지는 우리가 살아가는 데 중요한 역할을 한다. 습지는 비가 오면 물을 저장해 홍수를 예방해 주는 댐 역할을 한다. 습지에 살고 있는 식물이 광합성을 하면서 이산화 탄소의 양도 줄여 준다. 또 ㉡습지에 있는 미생물, 흙 등에 의해 오염 물질이 걸러지기 때문에 정화 시설의 역할도 한다.

(　　　)

**2** 다음 문단의 중심 문장을 찾아 밑줄을 그으세요.

1
　김치에는 다양한 영양소가 들어 있어 건강에 좋습니다. 김치의 주재료인 배추, 무, 고추 등은 비타민과 미네랄이 풍부하며 항산화 작용을 하여 노화를 방지하고 면역력을 강화해 줍니다. 김치에 들어가는 마늘에는 항균 작용과 항암 작용이 뛰어난 알라신이라는 성분이 들어 있습니다. 김치가 발효되는 과정에서 나오는 젖산균은 장 건강을 증진하고 소화를 돕는 역할을 합니다.

2
　우리는 살아가는 데 다양한 물건과 서비스를 필요로 합니다. 이런 물건과 서비스는 우리 지역에서만 만들어 낼 수는 없습니다. 그래서 우리 지역에서 생산되지 않는 물건을 다른 지역이나 다른 나라에서 가져오기도 하고 우리 지역에서 생산되는 물건을 다른 지역이나 다른 나라에 팔기도 합니다. 그뿐만 아니라 서로 다른 문화나 사상을 주고받기도 합니다. 이렇게 서로 다른 개인, 지역, 나라 사이에서 물건, 문화, 사상 등을 주고받는 것을 교류라고 합니다.

3
　어린이 교통사고를 예방하기 위해서는 안전시설을 확충해야 한다. 어린이 보호 구역을 더 넓게 지정하여 어린이들이 안전하게 다닐 수 있도록 해야 한다. 어린이들이 많이 다니는 길에는 과속 방지 턱을 만들어 차량 속도를 낮출 수 있도록 한다. 학교 앞길에는 과속 카메라를 달아 규정 속도 이상으로 달리는 자동차를 단속한다.

4
　돌무지덧널무덤은 나무 덧널 위에 돌을 쌓고 흙을 덮은 옛 무덤을 말한다. 돌무지덧널무덤은 신라의 왕과 귀족들을 위해 만든 것으로, 큰 나무 덧널 속에 죽은 사람과 그 사람이 평상시에 쓰던 물건을 함께 넣은 뒤 돌과 흙을 높게 쌓아 올렸다. 대표적인 돌무지덧널무덤에는 경주에 있는 천마총이 있다.

▲ 경주 천마총

## 연습 문제

**3** 다음 문단의 중심 내용을 바르게 정리한 것을 찾아 ○표 하세요.

**1**
　　인류는 옛날부터 미술, 조각, 음악 등의 다양한 예술 활동을 해 왔다. 동굴 속 벽에 벽화를 그리고, 조개껍데기에 무늬를 그려 넣어 장식품으로 사용하기도 했다. 돌을 깎아 조각 작품을 만들어 그 시대 생활 모습을 표현했으며, 동물의 뼈로 피리를 만들어 음악을 연주하기도 하였다.

① 인류는 옛날부터 다양한 예술 활동을 해 왔다. (　　　)
② 인류는 동굴 속 벽이나 조개껍데기에 그림을 그렸다. (　　　)

**2**
　　인류는 약 5,000년 전부터 꿀벌을 이용해 왔다고 전해진다. 인류는 오랜 기간 동안 꿀벌을 어떻게 이용했을까? 먼저 꿀벌은 꽃꿀을 수집하여 벌꿀을 만들어 낸다. 이 벌꿀에 함유되어 있는 포도당과 과당이 체내에 흡수되면 에너지를 빠르게 공급해 준다. 벌꿀 이외에도 꿀벌이 벌집을 만들 때 분비하는 밀랍은 화장품, 접착제, 양초의 원료로 사용되었다. 이집트에서는 밀랍을 미라 보존을 위한 방부제로 사용하기도 하였다.

① 꿀벌이 분비하는 밀랍은 여러 가지 원료로 사용된다. (　　　)
② 꿀벌은 오랜 기간 동안 인류에게 많은 이로움을 주었다. (　　　)

**3**
　　우리는 무지개가 빨강, 주황, 노랑, 초록, 파랑, 남색, 보라, 일곱 가지 색깔로 이루어져 있다고 알고 있습니다. 그런데 무지개 색깔은 나라마다 동일하게 인식될까요? 미국에서는 일곱 가지 색깔 중에서 남색을 뺀 여섯 가지 색깔로 무지개를 그립니다. 멕시코 원주민들은 검정, 하양, 빨강, 노랑, 파랑, 다섯 가지 색깔로 이루어졌다고 말합니다. 또 아프리카에서는 빨강과 검정, 두 가지 색깔로 무지개가 이루어져 있다고 말하기도 합니다.

① 무지개 색깔이 나라마다 동일하게 인식되는 것은 아닙니다. (　　　)
② 미국은 여섯 가지, 멕시코 원주민은 다섯 가지 색깔로 무지개를 봅니다. (　　　)

**4** 다음 빈칸에 알맞은 말을 넣어 문단의 중심 내용을 완성하세요.

**1**

　호수나 강, 바다와 같은 물에는 여러 종류의 동물이 삽니다. 호숫가에는 개구리와 수달 등이 물과 땅을 오가며 생활합니다. 높은 산 골짜기의 맑은 물에는 버들치, 금강모치 등이 헤엄을 치며 살고, 하천이나 저수지와 같은 물 위에는 소금쟁이가 삽니다. 강 바닥에는 다슬기처럼 기어다니는 동물도 삽니다. 바닷가나 갯벌에는 게와 조개 등이 삽니다. 또 바닷속에는 상어, 전복, 오징어 등이 살고 있고, 먼 바다를 이동하며 사는 바다거북이나 고래도 있습니다.

물에는 여러 종류의 _____이/가 삽니다.

**2**

　플라스틱과 나무 같은 고체, 물과 주스 같은 액체는 모두 무게를 가지고 있습니다. 그렇다면 눈에 보이지 않는 기체도 무게가 있을까요? 기체는 눈에 보이지 않지만 고체나 액체와 마찬가지로 무게를 가지고 있습니다. 예를 들어 공기를 가득 채운 공기 침대는 공기를 넣기 전보다 무겁습니다. 또 바람 빠진 축구공보다 바람이 가득 찬 축구공이 더 무겁습니다.

기체는 _____을/를 가지고 있습니다.

**3**

　남극에 서식하는 황제펭귄은 매서운 추위를 이겨 내기 위한 그들만의 방법을 가지고 있습니다. 황제펭귄은 추운 겨울이 되면 집단으로 모여 원을 형성하는데, 이는 허들링을 하기 위해서입니다. 허들링은 안쪽과 바깥쪽에 있는 황제펭귄들이 서로 자리를 바꾸며 체온을 유지하는 것을 말합니다. 자리를 바꾸며 서로의 몸을 맞대고 비비는 행동을 통해 체온을 나누어 추위를 이겨 내는 것입니다.

황제펭귄은 추위를 이겨 내기 위해서 _____을/를 합니다.

# 글의 짜임에 맞게 정리하기 ①

핵심어와 중심 문장을 찾은 뒤에는 **글의 짜임**을 파악하고, 핵심어와 중심 문장을 이용해서 알맞은 틀에 정리해야 해요. 글의 짜임에 따라 뒷받침 문장의 내용을 덧붙여야 할 때도 있어요. 글의 짜임을 알면 글이 어떻게 전개되는지 파악할 수 있고, 요약도 잘할 수 있어요.

## 방법 1 | 나열 짜임

나열 짜임은 **설명 대상의 특징을 쭉 늘어놓은 짜임**으로, '먼저, 첫째, 둘째' 등과 같은 말을 사용하는 경우가 많아요. 나열 짜임의 글은 먼저 구조 틀에 핵심어를 쓰고, 글에서 설명한 대상의 특징이 잘 드러나게 중요한 내용을 정리해요.

**대표 문제 ①**

**1** 운동에는 <u>다양한 종류</u>(←핵심어)가 있습니다. 운동을 분류하는 기준 중 하나는 기구의 유무입니다. 이 기준에 따르면 기구가 없이도 할 수 있는 맨몸 운동과 기구가 필요한 운동으로 나눌 수 있습니다.

**2** 먼저 <u>맨몸 운동은 기구 없이도 어디서든 할 수 있는 운동입니다.</u>(중심 문장) 이 운동에는 <u>달리기, 걷기, 수영</u> 등이 있습니다. 또 온몸의 근력을 강화하기 위해 하는 <u>팔 굽혀 펴기, 스쾃</u> 등도 맨몸 운동에 속합니다.

**3** <u>기구가 필요한 운동은 다양한 기구를 활용하는 운동입니다.</u>(중심 문장) 기구가 필요한 운동 중에서 우리가 흔히 접할 수 있는 운동은 공을 사용하는 운동입니다. 공을 사용하는 운동에는 <u>축구나 농구</u>처럼 공만 사용하는 운동, 공과 라켓을 함께 사용하는 <u>테니스, 배드민턴</u> 등이 있습니다. 기구가 필요한 운동에는 <u>역도나 펜싱</u>처럼 특수한 기구를 이용해서 하는 운동도 있습니다.

→ 이 글은 '운동의 ❶(　　　　)'를 설명한 글입니다. **1**문단에서 핵심어를 찾고 **2**, **3**문단의 중심 문장을 찾고, 뒷받침 문장에서 설명한 각각의 예를 덧붙여 다음과 같은 틀에 정리할 수 있습니다.

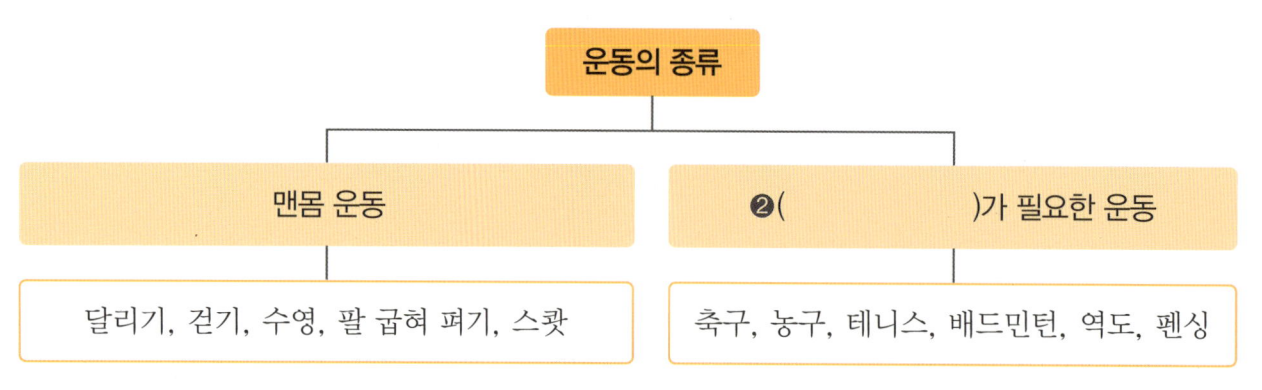

24

# 방법 2 순서 짜임

순서 짜임은 **시간이나 장소가 바뀌는 순서에 따라 설명하는 짜임**으로, '먼저, 첫 번째, 그러고는, 마지막으로' 등과 같은 **시간 순서를 나타내는 말**이나 **장소를 나타내는 말**을 사용하는 경우가 많아요. 순서 짜임의 글은 먼저 구조 틀에 핵심어를 쓰고, 시간이나 장소의 순서대로 나타난 중요한 내용을 차례대로 정리해요.

**대표 문제 ①**

① 나는 할머니께서 만들어 주시는 달걀말이를 무척 좋아한다. 할머니의 달걀말이는 맛이 특별하다. 지난 주말, 할머니 댁에 가서 <mark>달걀말이를 만드는 방법</mark>(핵심어)을 배웠다.

② <mark>먼저</mark>(순서①) 달걀 4개, 파 한 줌, 소금, 식용유, 참치액을 준비한다. 할머니는 특별히 참치액을 꼭 넣어야 한다고 강조하셨다. 할머니 달걀말이의 비법은 참치액이었다. <mark>그러고는</mark>(순서②) 준비한 달걀을 큰 그릇에 깨뜨려 넣고 파 한 줌과 소금 두 꼬집 정도를 넣어서 잘 섞는다. 이때 참치액도 작은 숟가락으로 한 숟가락 정도 넣는다. <mark>그다음</mark>(순서③) 프라이팬을 약한 불에 올리고 식용유를 골고루 두른 뒤 달걀물을 넓게 붓는다. <mark>마지막으로</mark>(순서④) 달걀이 익으면 끝에서부터 뒤집개로 살살 말아 준다. 완성된 달걀말이는 식혀서 칼로 썰어 접시에 담는다.

③ 할머니와 함께 만든 달걀말이는 최고의 맛이었다. 다음에는 내가 혼자 힘으로 만들어서 가족들과 함께 먹어 봐야겠다.

▲ 달걀말이

→ 이 글은 '❸( )를 만드는 방법'을 순서대로 설명한 글입니다. ❷문단에서 시간 순서를 나타내는 말을 찾고, 그에 해당하는 내용을 다음과 같은 틀에 차례대로 정리할 수 있습니다.

### 달걀말이를 만드는 방법

| 달걀 4개, 파 한 줌, 소금, 식용유, 참치액 준비하기 | → | ❹( )을 큰 그릇에 깨뜨려 넣고 파, 소금, 참치액을 넣어 섞기 | → | ❺( )을 약한 불에 올리고 식용유를 두른 뒤 달걀물을 붓기 | → | 달걀이 익으면 뒤집개로 살살 말아 주기 |

## 연습 문제

✳ 빈칸에 알맞은 말을 넣어 **나열 짜임**의 글을 정리하세요.

**1**

　한글은 세계적으로 인정받는 우수한 문자입니다. 한글은 인류가 사용하는 문자 중에서 세종대왕이라는 만든 사람과 1443년이라는 만든 연도가 명확히 밝혀진 몇 안되는 문자입니다. 1990년대 영국의 옥스퍼드 대학에서 합리성, 과학성, 독창성 등의 기준으로 세계의 문자 순위를 매겼는데, 한글이 당당하게 1위를 차지했습니다. 이는 한글의 우수성을 입증하는 결과입니다. 한글의 우수성을 세 가지 측면에서 살펴봅시다.

　첫째, 한글은 만든 원리가 과학적이고 독창적인 문자입니다. 한글 자음자는 발음 기관의 모양을 본떠 'ㄱ, ㄴ, ㅁ, ㅅ, ㅇ'의 기본 문자를 만들고 기본 문자에 획을 추가하거나 같은 문자를 하나 더 써서 나머지 자음자를 만들었습니다. 모음자는 하늘, 땅, 사람을 본떠 기본 모음자 'ㆍ', 'ㅡ', 'ㅣ'를 만들고, 이를 바탕으로 나머지 모음자를 만들었습니다.

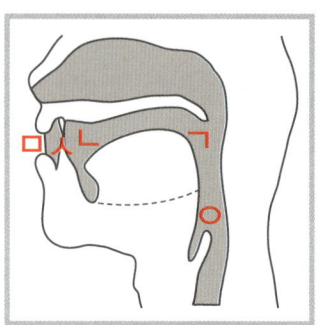
▲ 발음 기관의 모양을 본떠 만든 자음

　둘째, 한글은 하루 만에도 깨칠 수 있는 쉽고 빨리 배울 수 있는 합리적인 문자입니다. 한글은 기본 자음자 다섯 개와 기본 모음자 세 개만 알면 다른 문자도 쉽게 익힐 수 있습니다. 한글 자음자는 기본 자음자를 바탕으로 다른 자음자를 만들었기 때문에 소리가 서로 연관이 있습니다. 한글 모음자는 한 문자가 한 소리로만 발음됩니다. 알파벳 'a'는 낱말에 따라 여러 소리로 발음되지만 한글 'ㅏ'는 언제나 [아]로만 발음됩니다.

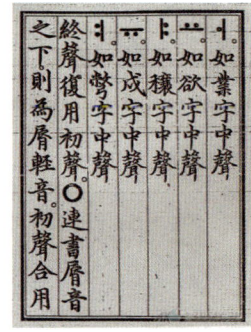
▲ 한글 창제 원리가 담긴 훈민정음 해례본의 일부

　셋째, 한글은 적은 수의 문자로 많은 소리를 만들 수 있는 문자입니다. 한글은 자음자 14자와 모음자 10자를 조합하여 24개의 문자로 사람의 입에서 나오는 소리를 표현해 낼 수 있습니다. 외국어를 소리 나는 대로 쉽게 표시할 수 있는 것도 한글의 이런 특징에서 온 것입니다.

　한글은 우리의 자랑스러운 보물입니다. 한글의 우수성을 기억하고 바르게 사용합시다.

---

**한글의 우수성**
- 만든 원리가 과학적이고 독창적인 문자입니다.
- _____.
- 적은 수의 문자로 많은 소리를 만들 수 있는 문자입니다.

**2**

  우리 민족은 아주 오랜 옛날부터 입에서 입으로 전해진 민요를 즐겨 불렀다. 민요는 우리 민족의 정서와 삶을 담고 있는 소중한 문화유산이다. 민요는 불리던 지역에 따라 경기 민요, 남도 민요, 서도 민요, 동부 민요, 제주 민요로 나눌 수 있다.

  경기 민요는 서울, 경기, 충청 북부 지역을 중심으로 불리며, 음색이 서정적이고 부드러우며 리듬이 맑고 경쾌한 것이 특징이다. 대표적인 곡으로는 「닐리리야」, 「군밤 타령」 등이 있다.

  남도 민요는 전라도, 충청남도 일부 지역에서 주로 불리며, 기교가 풍부하고 표현이 섬세하며 구성진 가락이 특징이다. 「새타령」, 「농부가」 등이 있다.

  서도 민요는 황해도와 평안도 지역에서 주로 불리며, 콧소리를 많이 섞어 잘게 떠는 소리를 내는 것이 특징이다. 대표적인 곡으로는 「수심가」, 「몽금포타령」 등이 있다.

  동부 민요는 함경도와 경상도 지역에서 주로 불리며, 대체로 꿋꿋하고 소박한 느낌을 준다. 「한오백년」, 「쾌지나 칭칭 나네」 등이 대표적인 곡이다.

  제주 민요는 제주도 지역에서 주로 불리며, 아름다운 자연환경과 해녀들의 삶을 담은 노래가 많다. 대표적인 곡으로는 「오돌또기」, 「이야홍」 등이 있다.

  이렇게 우리나라의 민요는 지역에 따라 조금씩 차이가 있다. 소중한 우리의 민요가 잘 전승될 수 있게 끊임없는 관심을 가져야 한다.

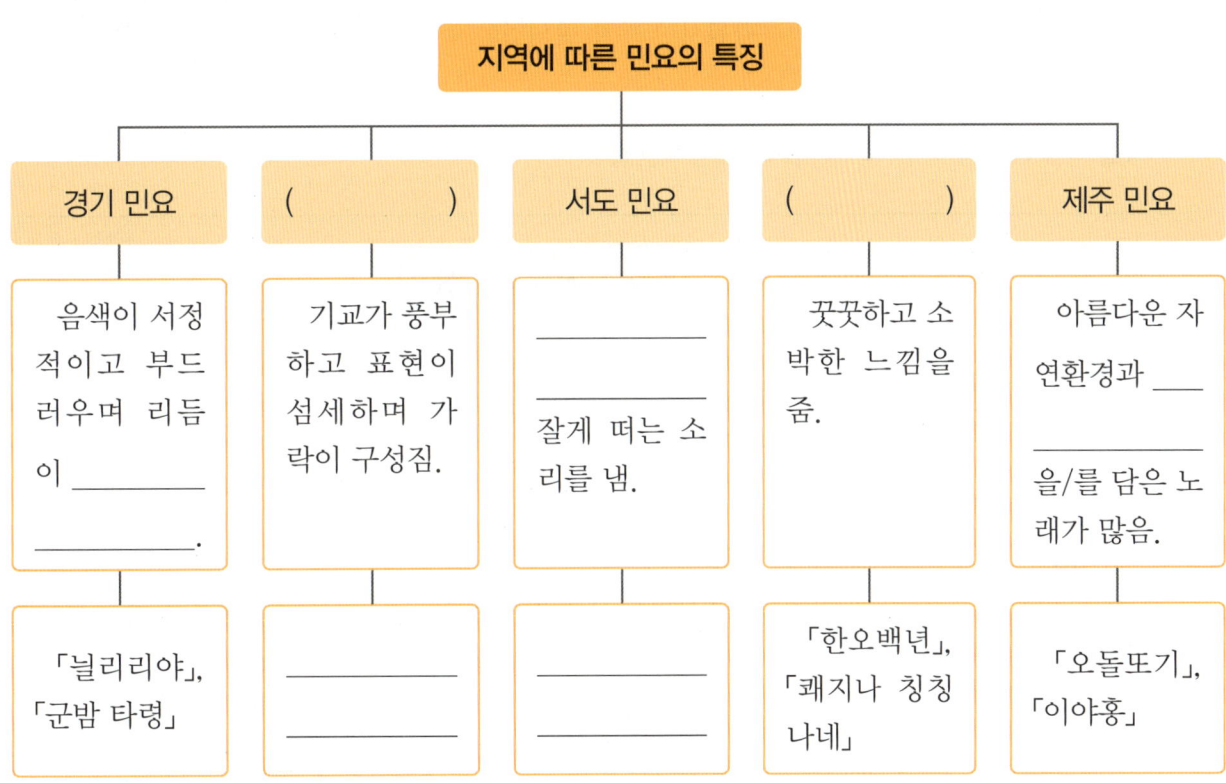

## 연습 문제

❋ 빈칸에 알맞은 말을 넣어 **순서 짜임**의 글을 정리하세요.

**3**

10월 연휴를 맞아 우리 가족은 경상북도 영주로 여행을 갔다. 이번 여행 장소는 아빠께서 정하셨다. 아빠께서는 나에게 부석사와 소수 서원을 보여 주고 싶다고 하셨다.

▲ 무량수전의 배흘림기둥

우리는 자동차를 타고 두 시간쯤 달려 부석사 입구에 도착했다. 부석사는 태백산맥과 소백산맥이 만나는 봉황산에 위치해 있다. 나는 입구에 있는 안내판의 설명을 읽어 보았다. 부석사는 676년 신라 문무왕 때 의상 대사가 왕의 명령으로 만든 *사찰이라고 하였다. 부석사로 들어가는 계단과 오르막길을 걸어 올라가니 교과서에서도 보았던 무량수전이 보였다. 무량수전을 실제로 보니 책에서 사진으로 본 것보다 더 기품이 있고 멋졌다. 특히 무량수전의 배흘림기둥을 가까이에서 볼 수 있었는데 가운데가 볼록한 기둥의 형태가 안정적이고 아름답게 느껴졌다.

부석사를 뒤로하고 점심을 먹은 뒤 소수 서원에 도착했다. 서원은 조선 시대에 전국 각지에 세워져 선비들의 배움터가 되었던 곳이다. 그리고 아빠께서 소수 서원은 우리나라 최초의 서원이라고 알려 주셨다. 나는 이곳에서 수업을 한다고 상상해 보았다. 주변이 조용하고 풍경도 아름다워서 공부가 잘되었을 것 같다는 생각이 들었다.

▲ 소수 서원의 강학당

***사찰**: 승려가 불상을 모시고 불도를 닦으며 교법을 펴는 집.

---

**영주 여행을 한 순서**

**부석사 입구** ➡ **부석사** ➡ **소수 서원**

- 안내판을 보고 부석사가 676년 _____ _____이/가 만든 사찰임을 알게 됨.

- 무량수전을 보고 기품 있고 멋지다고 느낌.
- 배흘림기둥의 형태가 ___ _____.

- 소수 서원이 우리나라 ___ _____임을 알게 됨.
- 주변이 조용하고 풍경이 아름다워서 _____ _____.

**4**

　과학자는 궁금한 것을 알아보기 위해 탐구를 수행합니다. 과학자가 탐구를 하는 방법을 알아봅시다.

　먼저 탐구 문제를 인식합니다. 탐구는 사물이나 자연 현상에 궁금증을 갖는 것부터 시작합니다. 그리고 그중에서 탐구할 문제를 찾아 분명하게 나타내는 것을 문제 인식이라고 합니다. 탐구 문제는 스스로 탐구할 수 있는 것이어야 합니다. 그리고 탐구 범위가 너무 넓지 않아야 합니다.

　문제를 인식했으면 가설을 설정합니다. 탐구 문제의 결과를 예상하는 것이 가설 설정입니다. 가설은 배경지식과 경험 또는 관찰 결과 등을 바탕으로 설정할 수 있습니다. 가설을 설정할 때는 알아보려고 하는 내용이 분명히 드러나도록 표현합니다.

　가설을 설정했다면 이제 탐구를 설계합니다. 탐구를 설계할 때는 가설이 맞는지 확인할 수 있는 탐구 방법을 정해야 하는데, 다르게 할 조건과 같게 할 조건을 생각해 변인 통제를 할 수 있도록 합니다. 탐구를 수행하기 위한 자세한 과정과 준비물, 안전 수칙 등 주의할 점도 함께 계획해 둡니다.

　다음으로 탐구를 수행합니다. 이때는 안전에 유의하도록 합니다. 정확한 실험 결과를 얻기 위해서는 반복하여 실험하는 것이 좋습니다. 탐구 수행을 하며 결과를 기록할 때는 관찰하거나 측정한 내용을 사실 그대로 쓰며, 예상과 다른 결과가 나오더라도 고치면 안 됩니다.

▲ 탐구 수행 모습

　탐구를 수행한 후에는 탐구 결과를 정리하고 해석합니다. 탐구 결과를 표나 그래프 등으로 한눈에 알아보기 쉽게 바꿔 정리합니다. 그러고 나서는 그 안에서 관계나 규칙을 찾아내는 과정인 자료 해석을 합니다. 자료 해석을 할 때는 계획에 따라 실험이 잘 이루어졌는지를 함께 점검하고, 관찰 또는 측정 방법이 맞았는지 생각해 보아야 합니다.

　마지막으로 탐구 결론을 내립니다. 실험으로 얻은 자료를 논리적으로 해석하고 이를 바탕으로 내가 세운 가설이 맞는지 확인한 뒤 탐구 문제의 답을 정리하며 결론을 도출합니다. 나의 가설이 맞다면 결론을 정리하면 되고, 틀리다면 가설을 수정하여 다시 탐구합니다.

***변인**: 성질이나 모습이 변하는 원인.

**과학자가 탐구를 하는 방법**

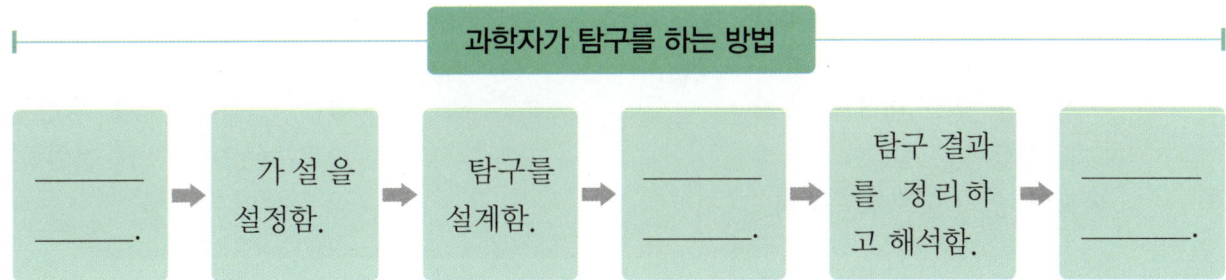

# 3. 글의 짜임에 맞게 정리하기 ②

## 방법 3 비교와 대조 짜임

비교와 대조 짜임은 **대상들의 공통점과 차이점을 중심으로 설명하는 짜임**으로, '**공통점이 있습니다**', '**차이점이 있습니다**' 등과 같은 말을 사용하는 경우가 많아요. 비교와 대조 짜임의 글은 먼저 구조 틀에 글에서 설명하는 대상을 쓰고, 항목별로 설명한 내용 중에서 중요한 내용이 잘 드러나게 정리해요.

**대표 문제 ①**

① 야구와 축구는 공통점이 있습니다. (핵심어) 야구와 축구는 모두 공을 가지고 하며 혼자가 아닌 단체가 하는 운동입니다. 그래서 팀원들 간의 협력이 중요합니다.

② 야구와 축구는 차이점도 있습니다. 야구는 9명, 축구는 11명이 경기를 합니다. 야구는 공격과 수비가 번갈아 가며 이루어지고, 축구는 공격과 수비가 동시에 이루어집니다. 야구는 1회에서 9회까지 정해진 횟수 내에서 경기를 진행하며, 축구는 전반전과 후반전으로 나누어 경기를 진행합니다. 야구는 홈런, 안타 등을 통해 득점하며, 축구는 골을 넣어 득점합니다.

▲ 야구

▲ 축구

→ 이 글은 '❶(　　　　　　)의 공통점과 차이점'을 설명한 글입니다. ①문단에서 설명한 공통점과 ②문단에서 설명한 차이점 중 중요한 내용만 골라 다음과 같은 틀에 정리할 수 있습니다.

**야구**
- ❷(　　　　)명이 함.
- ❸(　　　　)과 수비가 번갈아 가며 이루어짐.
- 정해진 횟수 내에서 경기를 진행함.
- 홈런, 안타 등으로 득점함.

- 공을 가지고 함.
- ❹(　　　　　　)가 하는 운동

**축구**
- 11명이 함.
- 공격과 수비가 동시에 이루어짐.
- ❺(　　　　)과 후반전으로 나누어 경기를 진행함.
- 골을 넣어 득점함.

## 방법 4 : 문제와 해결 짜임

문제와 해결 짜임은 **해결할 문제와 그에 대한 해결 방법을 제시하는 짜임**으로, '**문제가 되고 있다**', '**이를 해결하려면**' 등과 같은 말을 사용하는 경우가 많아요. 문제와 해결 짜임의 글은 글을 쓰게 된 문제 상황과 그 문제 상황을 해결할 수 있는 방법으로 나누어 정리해요.

### 대표 문제 ①

**1** 청소년의 스마트폰 과의존 위험군 비율이 40퍼센트가 넘는다고 합니다. 이처럼 <u>스마트폰을 과도하게 사용하는 청소년들이 늘어나고 있습니다.</u> 스마트폰을 과도하게 사용하면 일상생활에 지장을 초래하고 건강과 대인 관계에도 좋지 않은 영향을 미치게 됩니다. 그렇다면 스마트폰 과다 사용 문제를 해결하기 위해서 어떻게 해야 할까요?
중심 문장 – 문제점

**2** <u>사용 시간을 스스로 제한합니다.</u> 일정 시간이 지나면 스마트폰 사용이 금지되게 하여 과도한 사용을 방지하도록 합니다.
중심 문장 – 해결 방안 ①

**3** <u>스마트폰을 대체할 만한 활동을 찾습니다.</u> 운동, 독서 등의 취미 활동을 갖거나 모임이나 동호회에 참여해 스마트폰 없이도 시간을 즐길 수 있도록 합니다.
중심 문장 – 해결 방안 ②

**4** 중독 증세가 심각하다고 판단되면 <u>전문가의 도움을 받도록 합니다.</u> 상담을 통해 자신의 문제를 파악하고 적절한 해결 방법을 찾을 수 있습니다.
중심 문장 – 해결 방안 ③

→ 이 글은 '청소년의 스마트폰 과다 사용 문제와 그 문제의 ❻(　　　　)'을 쓴 글입니다. **1**문단에서 문제점을 찾고, **2**, **3**, **4**문단에서 해결 방안을 찾아 다음과 같은 틀에 정리할 수 있습니다.

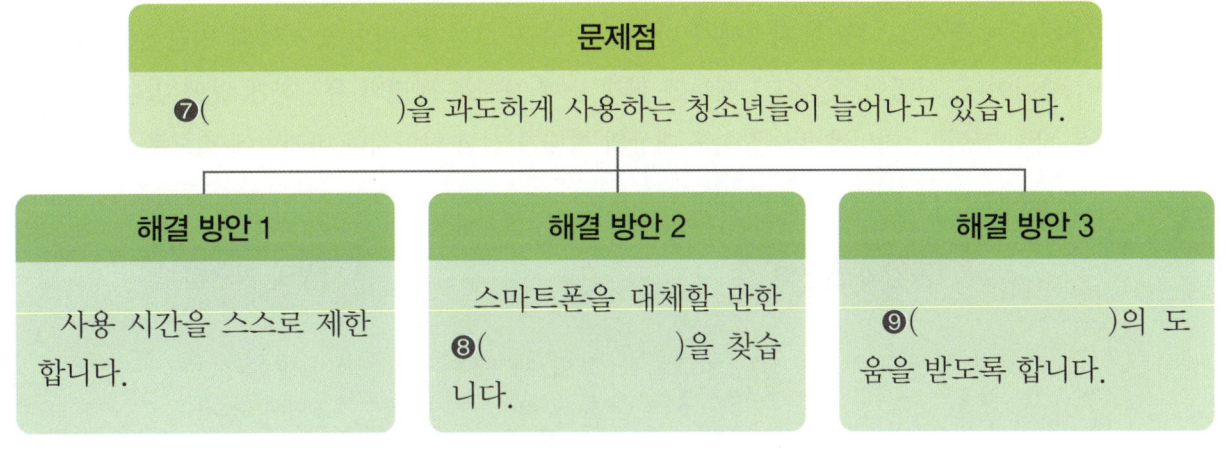

| 문제점 |
| --- |
| ❼(　　　　)을 과도하게 사용하는 청소년들이 늘어나고 있습니다. |

| 해결 방안 1 | 해결 방안 2 | 해결 방안 3 |
| --- | --- | --- |
| 사용 시간을 스스로 제한합니다. | 스마트폰을 대체할 만한 ❽(　　　　)을 찾습니다. | ❾(　　　　)의 도움을 받도록 합니다. |

# 연습 문제

❋ 빈칸에 알맞은 말을 넣어 비교와 대조 짜임의 글을 정리하세요.

**1**

고인돌은 크게 북방식 고인돌과 남방식 고인돌로 나뉜다. 이 둘은 모두 선사 시대 지배자의 무덤이라는 공통점을 가지고 있다. 그러나 이 둘의 가장 큰 차이점은 시신을 어디에 두느냐에 있다.

북방식은 시신을 땅 위에 두고, 남방식은 땅속에 묻는다. 북방식은 땅 위에 넓적한 돌을 세워 직사각형의 무덤방을 만들고, 시신을 넣은 뒤 큰 덮개돌을 얹은 모습이다. 탁자와 비슷한 모양이라서 '탁자식 고인돌'이라고도 부른다. 반면에 남방식은 땅을 파 무덤방을 만들고 시신을 넣고 그 위에 여러 개의 작은 받침돌을 놓고 나서 다시 커다란 덮개돌을 올려놓는 형식이다. 위에서 보면 바둑판과 비슷한 모양이라서 '바둑판식 고인돌'이라고도 부른다.

|  | 북방식 고인돌 | 남방식 고인돌 |
|---|---|---|
| 공통점 | • 선사 시대 _____의 무덤임. | |
| 차이점 | • 시신을 땅 위에 둠.<br>• _____와/과 비슷한 모양임. | • 시신을 _____.<br>• 바둑판과 비슷한 모양임. |

**2**

원근법은 사람의 눈에 보이는 대상을 2차원의 평면 위에 거리감과 깊이감을 주어 입체적으로 표현하는 기법을 말한다. 원근법은 동양과 서양에서 그림을 그릴 때 매우 중요한 역할을 했지만 둘 사이에는 차이점이 있다.

동양의 원근법은 그리고자 하는 대상이 중심이다. 그리고자 하는 대상의 속성을 담아 내는 것이 중요하기 때문에 대상을 다양한 각도에서 바라본 모습을 그렸다. 반면에 서양의 원근법은 대상을 보는 사람이 중심이다. 사람이 중심이기 때문에 실제 눈에 보이는 장면과 유사하게 앞에 있는 대상은 크게, 먼 것은 작게 그렸다. 거리가 멀어질수록 대상의 형태가 점점 작아지다 마지막에 점으로 모이게 그린다.

**동양의 원근법**
• 그리고자 하는 _____ 이/가 중심

• 그림을 그릴 때 매우 중요한 역할을 함.

**서양의 원근법**
• 대상을 보는 _____ 이/가 중심

**3**

지구의 양극에 위치한 남극과 북극은 모두 얼음으로 덮여 있으며 매우 춥습니다. 또한 지구의 자전축을 이루고 있어 *오로라 현상이 일어나고, 해가 지지 않는 *백야 현상이 일어납니다. 이렇게 보면 남극과 북극은 비슷해 보이지만 차이점도 많습니다.

남극과 북극은 지리적으로 큰 차이가 있습니다. 남극은 대륙으로 이루어져 있으며, 평균 기온이 영하 55도 정도로 지구에서 가장 추운 곳입니다. 남극 대륙의 약 98퍼센트가 얼음으로 덮여 있는데 평균 두께가 2,165미터라고 합니다. 반면 북극은 바다로 이루어져 있으며 평균 기온이 영하 35도 정도입니다. 남극에 비해 북극이 따뜻한 이유는 대륙이 아니라 바다이기 때문입니다. 북극의 바다는 열을 흡수하고 저장하는 역할을 합니다.

생태계 또한 차이가 있습니다. 남극은 일년 내내 얼음과 눈으로 덮여 있기 때문에 식물과 사람이 거의 살지 못합니다. 다만 펭귄과 고래, 바다표범 등 혹독한 기후에 적응한 동물만 삽니다. 하지만 북극에는 이끼류와 풀, 사초 등의 식물이 살고 있고 북극곰, 바다코끼리, 순록 등이 서식합니다. 그뿐만 아니라 에스키모라고 불리는 이누이트 족이 살고 있습니다.

▲ 남극에 사는 펭귄

▲ 북극에 사는 북극곰

***오로라:** 주로 극지방에서 초고층 대기 중에 나타나는 발광 현상.
***백야:** 밤에 어두워지지 않는 현상. 또는 그런 밤.

|  | 남극 | 북극 |
|---|---|---|
| 공통점 | • 얼음으로 덮여 있으며 매우 추움.<br>• _____이/가 일어남. ||
| 차이점 | • _____(으)로 이루어져 있음. | • _____(으)로 이루어져 있음. |
|  | • 평균 기온이 영하 55도 정도임. | • 평균 기온이 영하 35도 정도임. |
|  | • 식물과 사람이 거의 살지 못함.<br>• _____. | • 이끼류, 풀, 사초 등의 식물이 삶.<br>• 북극곰, 바다코끼리, 순록 등이 삶.<br>• _____. |

## 연습 문제

✳ 빈칸에 알맞은 말을 넣어 문제와 해결 짜임의 글을 정리하세요.

**4**

최근 초등학생들의 체력이 저하되었다. 2023년 교육부는 건강 체력 평가에서 1~2등급을 받은 초등학생의 비율이 2019년에 비해 7.4퍼센트 낮아지고, 4~5등급을 받은 학생들은 15퍼센트 증가했다고 발표했다. 이렇게 심각하게 떨어진 초등학생들의 체력을 기르려면 어떻게 해야 할까.

체력을 기르기 위해서는 필수 영양소를 섭취해야 한다. 우리 몸에 필요한 필수 영양소는 단백질, 칼슘, 비타민 등 여러 가지가 있다. 골격 성장에 중요한 영향을 미치는 단백질은 고기, 생선, 달걀, 콩 등에 들어 있다. 칼슘은 뼈와 치아의 주성분으로 우유 및 유제품, 해조류 등에 들어 있다. 비타민은 우리 몸의 면역과 소화 등 여러 기능에 작용하는 영양소로 과일이나 채소 등에 들어 있다. 따라서 필수 영양소가 들어 있는 음식을 골고루 먹어 필수 영양소를 섭취하도록 하자.

체력을 기르려면 운동을 꾸준히 해야 한다. 세계 보건 기구(WHO)의 신체 활동 권장 지침에 따르면 5~17세의 어린이와 청소년은 매일 1시간 이상의 신체 활동을 할 것을 권장하고 있다. 정기적인 신체 활동은 아이들의 체력을 향상시키고 건강한 생활 습관을 들이게 해 준다. 이를 위해서 가족들과 함께 자전거를 타거나 공놀이를 같이 하면 좋다.

마지막으로 충분한 수면을 취해야 한다. 충분한 수면은 우리 몸의 에너지를 회복하고 체력을 갖출 수 있게 해 준다. 그리고 충분한 수면을 취하면 성장 호르몬이 분비되어 신체와 뇌의 성장이 이루어지며 정보를 처리하고 기억하는 능력을 향상시켜 학습 효과도 증진시켜 준다. 충분한 수면을 위해 자기 전에 수면을 방해하는 TV나 컴퓨터, 핸드폰을 보지 않는 습관을 들이는 것이 좋다.

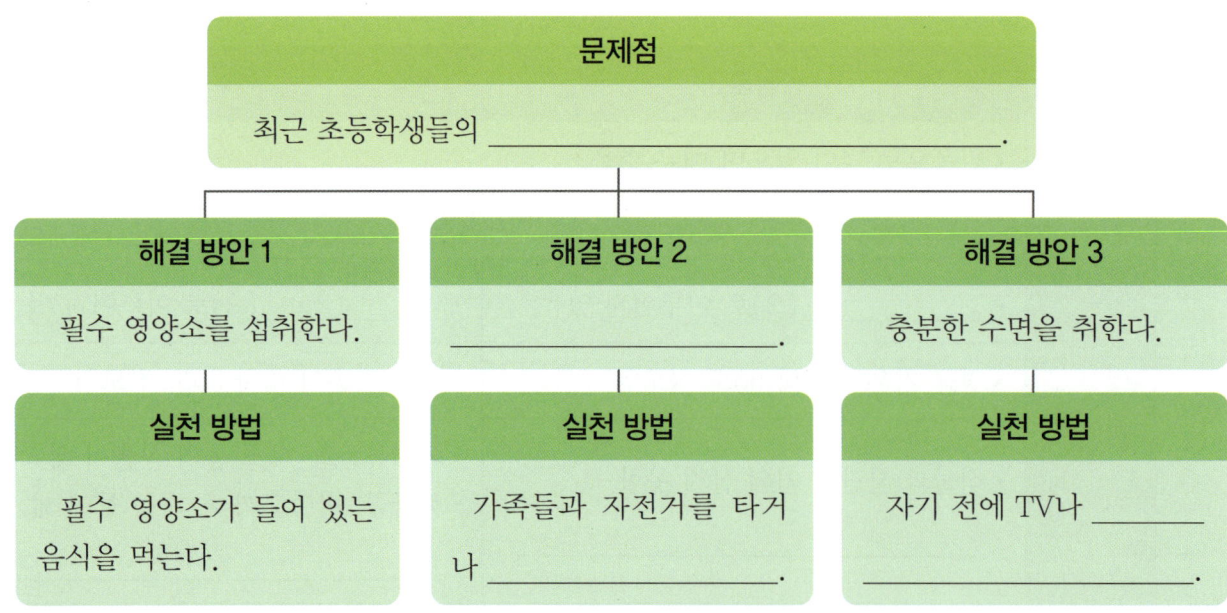

**문제점**
최근 초등학생들의 _____.

**해결 방안 1**
필수 영양소를 섭취한다.

**해결 방안 2**
_____.

**해결 방안 3**
충분한 수면을 취한다.

**실천 방법**
필수 영양소가 들어 있는 음식을 먹는다.

**실천 방법**
가족들과 자전거를 타거나 _____.

**실천 방법**
자기 전에 TV나 _____.

## 5

　우리나라의 자동차 보유율이 인구 약 1.99명당 1대로 5년 전의 2.2명당 1대보다 높아졌습니다. 이렇게 자동차 보유 대수가 많아지면서 자동차에서 나오는 배기가스로 인한 대기 오염이 심각해졌습니다. 대기 오염을 해결할 수 있는 방안에는 무엇이 있을까요?

　첫째, 저공해 자동차의 보급을 확대해야 합니다. 저공해 자동차에는 전기차, 수소차, 하이브리드, LPG, CNG 차량 등이 있습니다. 가솔린 자동차의 이산화 탄소 배출량이 192.2g/km인데 전기차의 이산화 탄소 배출량은 약 94.1g/km입니다. 수소차는 배기가스가 물과 수증기로 이루어져 이산화 탄소 배출량이 거의 없습니다. 따라서 정부는 저공해 자동차의 충전소를 더 늘리고 구매 보조금을 지급하는 등의 정책을 확대해야 합니다. 충전 시간을 단축하는 등의 기술 개발에도 투자해야 합니다.

▲ 전기차 충전소

　둘째, 대중교통을 더 많이 이용해야 합니다. 가장 환경친화적인 교통수단인 대중교통을 이용하면 오염 물질을 줄일 수 있어 환경에 긍정적인 영향을 미칩니다. 대중교통의 이용량이 늘어날 수 있게 대중교통의 운행 시간을 늘리고, 노선을 확대하는 등의 적극적인 정책을 추진해야 합니다.

　셋째, 도로에 가로수를 심어 녹지를 조성해야 합니다. 얼마 전 느티나무 한 그루가 1년 동안 이산화 탄소 2.5톤을 흡수하고, 산소 1.8톤을 생성한다는 국립 산림 과학원의 조사가 발표되었습니다. 도심 속 녹지는 배기가스로 인해 오염된 대기의 질을 개선하는 데 큰 도움이 됩니다.

　지금까지 자동차에 의한 대기 오염을 해결할 수 있는 방안을 살펴보았습니다. 다양한 정책을 세우고 국민들이 노력한다면 다시 맑은 하늘을 만날 수 있는 날이 올 것입니다.

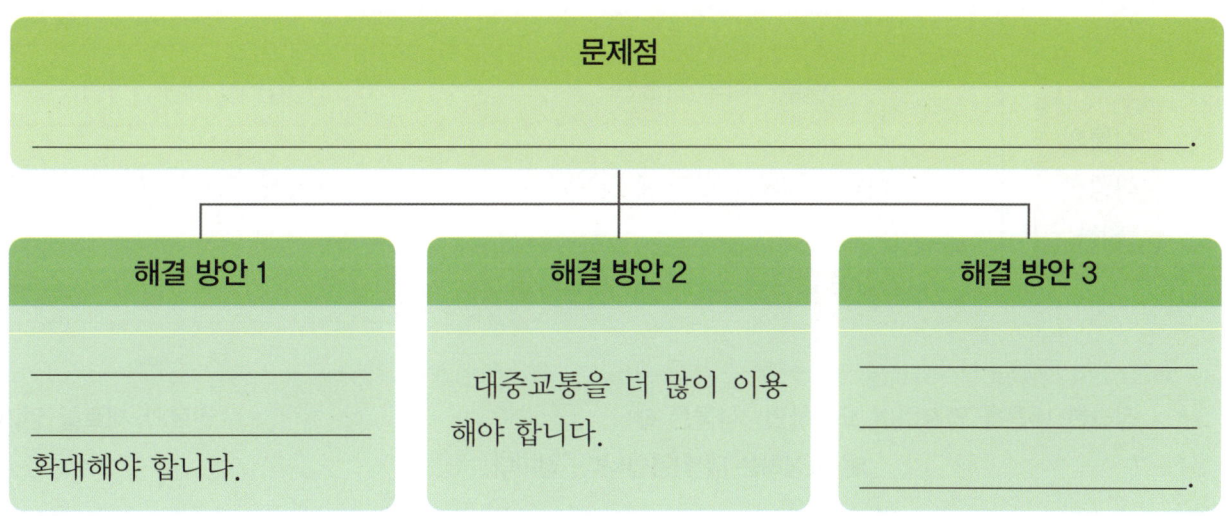

# 4 요약하기

마지막 요약하기 단계에서는 글의 짜임에 맞게 정리한 내용을 바탕으로 중요한 내용을 정리해요.

## 방법 1 중복되는 내용 삭제하고 연결하기

**중복되는 내용은 삭제**하고, '그리고, 그러나, -고, -지만' 등의 **이어 주는 말**을 사용해서 문장을 자연스럽게 연결해요.

**대표 문제 ①**

1 우리 주변에는 다양한 식물들이 존재합니다. <u>식물은 우리 생활에서 다양하게 활용됩니다.</u> 중심 문장

2 <u>식물은 먹을거리로 활용됩니다.</u> 우리가 주식으로 먹는 쌀, 즐겨 먹는 식재료인 감자, 무, 배추 등은 모두 식물입니다. 간식이나 후식으로 먹는 사과, 딸기 등의 과일도 식물입니다. 다양한 종류의 곡식, 채소, 과일 등을 섭취하면 건강한 식생활을 유지할 수 있습니다.
중심 문장

3 <u>식물은 원료와 재료를 얻는 데 활용되기도 합니다.</u> 사탕수수는 설탕의 원료로 활용되며, 닥나무는 한지의 재료로 활용됩니다. 목화는 옷의 재료인 솜을 얻는 데 활용됩니다.
중심 문장

4 <u>식물은 아름다운 환경을 조성하는 데에도 활용됩니다.</u> 벚나무나 장미는 주변을 아름답게 꾸며 주고, 스파티필룸이나 스투키 같은 식물은 공기를 정화해 주는 효과가 있습니다.
중심 문장

→ 이 글은 '식물의 활용'에 대해서 나열하여 설명한 글입니다. 1~4문단의 중심 문장을 틀에 정리하면 다음과 같습니다.

→ 정리한 내용을 연결하여 요약하면 "식물은 ❶(　　　　　　　　　), 원료와 재료를 얻거나 ❷(　　　　　　　　　)을 조성하는 데 활용됩니다."입니다.

# Day 05

**대표 문제 ②**

① 우리는 일상생활에서 끊임없이 시간을 사용합니다. 밥을 먹거나 잠을 잘 때, 공부하거나 운동할 때 매 순간 시간이라는 자원을 사용합니다. 시간은 누구에게나 하루에 24시간이 똑같이 주어지는 소중한 자원입니다. 하지만 우리는 시간의 소중함을 종종 잊곤 합니다. 한 번 지나간 시간은 되돌릴 수 없고, 저장할 수도 없습니다. 같은 시간이라도 어떻게 사용하느냐에 따라 시간의 가치는 달라집니다. 따라서 <u>우리는 시간을 효율적으로 잘 관리해야 합니다.</u>
<small>중심 문장</small>

② 시간을 효율적으로 관리하려면 먼저, <u>구체적인 목표를 세우는 것이 중요합니다.</u> 이때는 이룰 수 있는 목표를 세워야 합니다. 예를 들어, 매일 운동을 세 시간 한다는 목표보다는 매일 아침 10분씩이라도 운동을 하겠다는 실현 가능성이 있는 목표를 세워야 합니다.
<small>중심 문장</small>

③ <u>그 다음 일의 중요도에 따라 할 일을 정하여 계획표를 작성합니다.</u> 꼭 해야 하는 중요한 일, 그 다음 중요한 일을 나누고 어떻게 그 일을 할지 계획표를 짭니다.
<small>중심 문장</small>

④ <u>다음으로 계획한 것을 실천합니다.</u> 포기하지 않는 마음으로 최선을 다해 계획을 실천합니다. 계획을 실천하면서 자신의 시간 사용 습관을 파악합니다.
<small>중심 문장</small>

⑤ <u>마지막으로 계획한 대로 잘 실천했는지 평가합니다.</u> 잘 실천한 부분과 잘 실천하지 못한 부분을 정리하여 다음 시간 계획에 참고하도록 합니다. 이를 통해 자신의 시간 관리 능력을 향상시킬 수 있습니다.
<small>중심 문장</small>

→ 이 글은 '시간을 효율적으로 관리하는 방법'을 순서대로 설명한 글입니다. 각 문단의 중심 문장을 찾아 틀에 정리하면 다음과 같습니다.

**시간을 효율적으로 관리하는 방법**

| 구체적인 목표 세우기 | → | 할 일을 정하여 계획표 작성하기 | → | 계획한 것을 실천하기 | → | 잘 실천했는지 평가하기 |

→ 정리한 내용을 연결하여 요약하면 "시간을 효율적으로 관리하려면 먼저 ❸( )를 세우고 할 일을 정하여 계획표를 작성합니다. 다음으로 계획한 것을 실천하고, 잘 실천했는지 ❹( )합니다."입니다.

## 연습 문제

❋ 틀에 정리한 내용을 바탕으로 글의 내용을 요약하려고 해요. 빈칸에 알맞은 말을 쓰세요.

**1**

　한글은 세계적으로 인정받는 우수한 문자입니다. 한글은 인류가 사용하는 문자 중에서 세종대왕이라는 만든 사람과 1443년이라는 만든 연도가 명확히 밝혀진 몇 안되는 문자입니다. 1990년대 영국의 옥스퍼드 대학에서 합리성, 과학성, 독창성 등의 기준으로 세계의 문자 순위를 매겼는데, 한글이 당당하게 1위를 차지했습니다. 이는 한글의 우수성을 입증하는 결과입니다. 한글의 우수성을 세 가지 측면에서 살펴봅시다.

　첫째, 한글은 만든 원리가 과학적이고 독창적인 문자입니다. 한글 자음자는 발음 기관의 모양을 본떠 'ㄱ, ㄴ, ㅁ, ㅅ, ㅇ'의 기본 문자를 만들고 기본 문자에 획을 추가하거나 같은 문자를 하나 더 써서 나머지 자음자를 만들었습니다. 모음자는 하늘, 땅, 사람을 본떠 기본 모음자 '', 'ㅡ', 'ㅣ'를 만들고, 이를 바탕으로 나머지 모음자를 만들었습니다.

　둘째, 한글은 하루 만에도 깨칠 수 있는 쉽고 빨리 배울 수 있는 합리적인 문자입니다. 한글은 기본 자음자 다섯 개와 기본 모음자 세 개만 알면 다른 문자도 쉽게 익힐 수 있습니다. 한글 자음자는 기본 자음자를 바탕으로 다른 자음자를 만들었기 때문에 소리가 서로 연관이 있습니다. 한글 모음자는 한 문자가 한 소리로만 발음됩니다. 알파벳 'a'는 낱말에 따라 여러 소리로 발음되지만 한글 'ㅏ'는 언제나 [아]로만 발음됩니다.

　셋째, 한글은 적은 수의 문자로 많은 소리를 만들 수 있는 문자입니다. 한글은 자음자 14자와 모음자 10자를 조합하여 24개의 문자로 사람의 입에서 나오는 소리를 표현해 낼 수 있습니다. 외국어를 소리 나는 대로 쉽게 표시할 수 있는 것도 한글의 이런 특징에서 온 것입니다.

　한글은 우리의 자랑스러운 보물입니다. 한글의 우수성을 기억하고 바르게 사용합시다.

　　　　　　　　⬇

| 한글의 우수성 | 만든 원리가 과학적이고 독창적인 문자입니다. |
| | 쉽고 빨리 배울 수 있는 합리적인 문자입니다. |
| | 적은 수의 문자로 많은 소리를 만들 수 있는 문자입니다. |

 요약하기

한글은 만든 원리가 과학적이고 독창적이며, 쉽고 빨리 배울 수 있고, ＿＿＿＿＿＿＿＿＿＿＿＿＿＿＿＿＿＿＿＿＿＿＿＿＿＿＿＿＿＿＿＿＿＿＿＿＿＿＿＿＿＿＿＿ 문자라는 점에서 우수합니다.

**2**

　10월 연휴를 맞아 우리 가족은 경상북도 영주로 여행을 갔다. 이번 여행 장소는 아빠께서 정하셨다. 아빠께서는 나에게 부석사와 소수 서원을 보여 주고 싶다고 하셨다.

　우리는 자동차를 타고 두 시간쯤 달려 부석사 입구에 도착했다. 부석사는 태백산맥과 소백산맥이 만나는 봉황산에 위치해 있다. 나는 입구에 있는 안내판의 설명을 읽어 보았다. 부석사는 676년 신라 문무왕 때 의상 대사가 왕의 명령으로 만든 사찰이라고 하였다. 부석사로 들어가는 계단과 오르막길을 걸어 올라가니 교과서에서도 보았던 무량수전이 보였다. 무량수전을 실제로 보니 책에서 사진으로 본 것보다 더 기품이 있고 멋졌다. 특히 무량수전의 배흘림기둥을 가까이에서 볼 수 있었는데 가운데가 볼록한 기둥의 형태가 안정적이고 아름답게 느껴졌다.

　부석사를 뒤로하고 점심을 먹은 뒤 소수 서원에 도착했다. 서원은 조선 시대에 전국 각지에 세워져 선비들의 배움터가 되었던 곳이다. 그리고 아빠께서 소수 서원은 우리나라 최초의 서원이라고 알려 주셨다. 나는 이곳에서 수업을 한다고 상상해 보았다. 주변이 조용하고 풍경도 아름다워서 공부가 잘되었을 것 같다는 생각이 들었다.

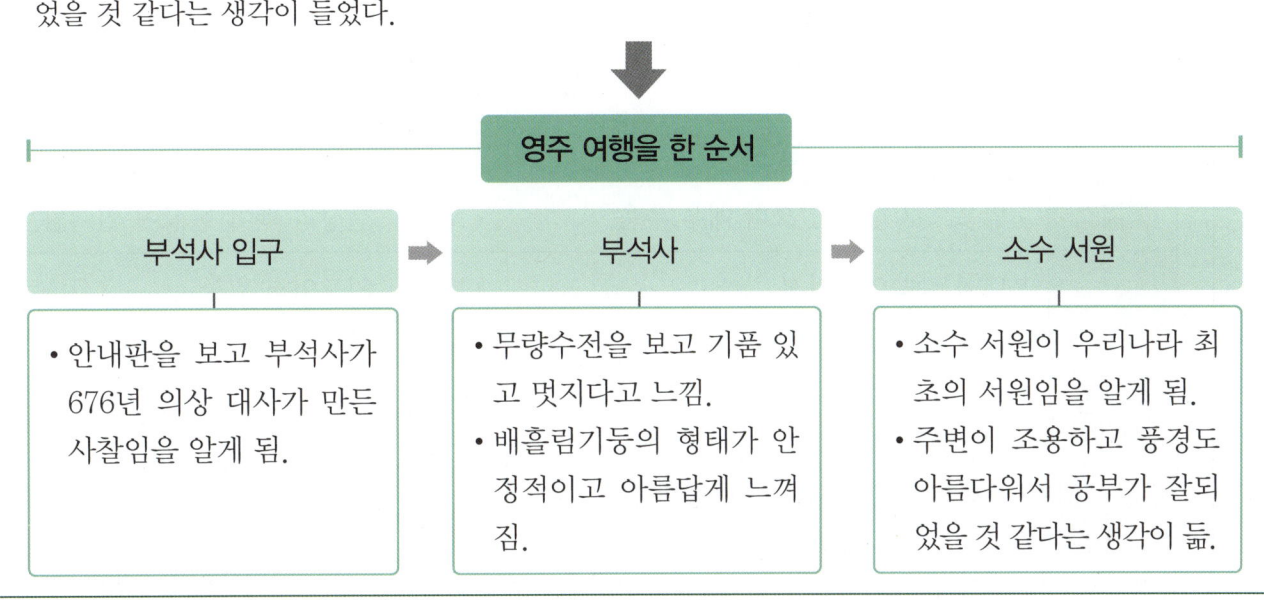

### 요약하기

　우리 가족은 영주로 여행을 갔다. 우리는 가장 먼저 _____. 안내판을 보고 부석사가 676년에 의상 대사가 만든 사찰이라는 것을 알게 되었다. 부석사에서 무량수전을 보고 기품 있고 멋지다고 느꼈고, 무량수전의 배흘림기둥의 형태는 안정적이고 아름답게 느껴졌다. 점심을 먹은 뒤 _____. 주변이 조용하고 풍경도 아름다워서 공부가 잘되었을 것 같다는 생각이 들었다.

## 연습 문제

**3**

　지구의 양극에 위치한 남극과 북극은 모두 얼음으로 덮여 있으며 매우 춥습니다. 또한 지구의 자전축을 이루고 있어 오로라 현상이 일어나고, 해가 지지 않는 백야 현상이 일어납니다. 이렇게 보면 남극과 북극은 비슷해 보이지만 차이점도 많습니다.

　남극과 북극은 지리적으로 큰 차이가 있습니다. 남극은 대륙으로 이루어져 있으며, 평균 기온이 영하 55도 정도로 지구에서 가장 추운 곳입니다. 남극 대륙의 약 98퍼센트가 얼음으로 덮여 있는데 평균 두께가 2,165미터라고 합니다. 반면 북극은 바다로 이루어져 있으며 평균 기온이 영하 35도 정도입니다. 남극에 비해 북극이 따뜻한 이유는 대륙이 아니라 바다이기 때문입니다. 북극의 바다는 열을 흡수하고 저장하는 역할을 합니다.

　생태계 또한 차이가 있습니다. 남극은 일년 내내 얼음과 눈으로 덮여 있기 때문에 식물과 사람이 거의 살지 못합니다. 다만 펭귄과 고래, 바다표범 등 혹독한 기후에 적응한 동물만 삽니다. 하지만 북극에는 이끼류와 풀, 사초 등의 식물이 살고 있고 북극곰, 바다코끼리, 순록 등이 서식합니다. 그뿐만 아니라 에스키모라고 불리는 이누이트 족이 살고 있습니다.

|  | 남극 | 북극 |
|---|---|---|
| 공통점 | • 얼음으로 덮여 있으며 매우 추움. | • 오로라 현상과 백야 현상이 일어남. |
| 차이점 | • 대륙으로 이루어져 있음. | • 바다로 이루어져 있음. |
|  | • 평균 기온이 영하 55도 정도임. | • 평균 기온이 영하 35도 정도임. |
|  | • 식물과 사람이 거의 살지 못함.<br>• 혹독한 기후에 적응한 동물만 삶. | • 이끼류, 풀, 사초 등의 식물이 삶.<br>• 북극곰, 바다코끼리, 순록 등이 삶.<br>• 이누이트 족이 살고 있음. |

### 요약하기

　남극과 북극은 얼음으로 덮여 있으며 매우 춥고, _____ 공통점이 있지만 차이점도 있습니다. 남극은 대륙으로, 북극은 바다로 이루어져 있습니다. 남극은 평균 기온이 영하 55도 정도이고 북극은 영하 35도 정도입니다. 남극은 _____ _____. 북극은 이끼류, 풀, 사초 등의 식물과 북극곰, 바다코끼리, 순록 등의 동물이 삽니다. 또한 _____.

**4**

우리나라의 자동차 보유율이 인구 약 1.99명당 1대로 5년 전의 2.2명당 1대보다 높아졌습니다. 이렇게 자동차 보유 대수가 많아지면서 자동차에서 나오는 배기가스로 인한 대기 오염이 심각해졌습니다. 대기 오염을 해결할 수 있는 방안에는 무엇이 있을까요?

첫째, 저공해 자동차의 보급을 확대해야 합니다. 저공해 자동차에는 전기차, 수소차, 하이브리드, LPG, CNG 차량 등이 있습니다. 가솔린 자동차의 이산화 탄소 배출량이 192.2g/km인데 전기차의 이산화 탄소 배출량은 약 94.1g/km입니다. 수소차는 배기가스가 물과 수증기로 이루어져 이산화 탄소 배출량이 거의 없습니다. 따라서 정부는 저공해 자동차의 충전소를 더 늘리고 구매 보조금을 지급하는 등의 정책을 확대해야 합니다. 충전 시간을 단축하는 등의 기술 개발에도 투자해야 합니다.

둘째, 대중교통을 더 많이 이용해야 합니다. 가장 환경친화적인 교통수단인 대중교통을 이용하면 오염 물질을 줄일 수 있어 환경에 긍정적인 영향을 미칩니다. 대중교통의 이용량이 늘어날 수 있게 대중교통의 운행 시간을 늘리고, 노선을 확대하는 등의 적극적인 정책을 추진해야 합니다.

셋째, 도로에 가로수를 심어 녹지를 조성해야 합니다. 얼마 전 느티나무 한 그루가 1년 동안 이산화 탄소 2.5톤을 흡수하고, 산소 1.8톤을 생성한다는 국립 산림 과학원의 조사가 발표되었습니다. 도심 속 녹지는 배기가스로 인해 오염된 대기의 질을 개선하는 데 큰 도움이 됩니다.

지금까지 자동차에 의한 대기 오염을 해결할 수 있는 방안을 살펴보았습니다. 다양한 정책을 세우고 국민들이 노력한다면 다시 맑은 하늘을 만날 수 있는 날이 올 것입니다.

| 문제점 |
| --- |
| 자동차에서 나오는 배기가스로 인한 대기 오염이 심각해졌습니다. |

| 해결 방안 1 | 해결 방안 2 | 해결 방안 3 |
| --- | --- | --- |
| 저공해 자동차의 보급을 확대해야 합니다. | 대중교통을 더 많이 이용해야 합니다. | 도로에 가로수를 심어 녹지를 조성해야 합니다. |

 **요약하기**

자동차에서 나오는 배기가스로 인한 대기 오염이 심각합니다. 이를 해결하기 위해서는 _____.

# 요약 기술 적용

실전 파트에 무사히 도착한 친구들을 환영합니다. 실전 파트에서는 앞에서 배운 요약 기술을 긴 글에 적용해 봅니다. 다양한 종류의 글을 만날 수 있습니다. 4단계 요약 기술 단계에 맞춰 글을 읽고 스스로 요약을 한 후에는 독해 정복 문제를 풀어 봅니다. 글의 내용을 요약하며 읽으면 독해 문제가 쉬워지는 것을 경험할 수 있을 거예요. 이제, 마지막 관문인 실전 파트로 들어가 볼까요?

### 알아 두기

1. 실전 지문은 핵심어를 찾고, 각 문단의 중심 문장을 정리하며 읽으세요.
2. **중심 문장** 은 문단의 중심 문장을 찾을 때 다른 말로 재구성하여 중심 내용을 찾으라는 표시입니다. 중요하지 않은 내용을 삭제하거나 새로운 말을 떠올려 중심 문장을 정리하세요.

## 학습 계획표

| | 학습 내용 | | 날짜 | 확인 |
|---|---|---|---|---|
| 01 | 우리가 몰랐던 행성 이야기 | 과학 | Day 06 | / |
| 02 | 햇볕과 바람이 꽃피운 천일염 | | Day 07 | / |
| 03 | 도덕과 법 | 사회 | Day 08 | / |
| 04 | 혹사당하는 지구촌 아이들 | | Day 09 | / |
| 05 | 청나라와 맞서 싸울 것인가 | 사회 | Day 10 | / |
| 06 | 한자의 생성 원리 | | Day 11 | / |
| 07 | 비행기의 역사 속으로 | | Day 12 | / |
| 08 | 수도권 인구 집중 이대로 괜찮을까 | 사회 | Day 13 | / |
| 09 | 세계 최고의 박물관들을 만나다 | 미술 | Day 14 | / |
| 10 | 구름, 안개, 이슬의 정체 | 과학 | Day 15 | / |
| 11 | 자전거는 어떻게 이루어져 있을까? | 실과 | Day 16 | / |
| 12 | 단소와 리코더 | 음악 | Day 17 | / |
| 13 | 음식물의 몸속 여행 | | Day 18 | / |
| 14 | 인간과 더불어 살아가야 할 곰팡이 | 과학 | Day 19 | / |
| 15 | 패스트 패션에서 벗어나자 | | Day 20 | / |
| 16 | 어디까지가 우리나라 영역인가? | 사회 | Day 21 | / |
| 17 | 미세 먼지와 황사 | | Day 22 | / |
| 18 | 청소년기에 놓쳐서는 안 되는 여가 활동 | 체육 | Day 23 | / |
| 19 | 빠르기를 속력으로 나타낼 수 있다고? | 과학 | Day 24 | / |
| 20 | 고령화 문제가 심각하다 | | Day 25 | / |
| 21 | 양날의 검, 노이즈 마케팅 | | Day 26 | / |
| 22 | 테니스와 배드민턴 | | Day 27 | / |
| 23 | 해양 산성화의 위협 | 과학 | Day 28 | / |
| 24 | 팔만대장경은 어떻게 만들었을까? | 사회 | Day 29 | / |
| 25 | 인공 지능은 저작권자가 될 수 없다 | 도덕 | Day 30 | / |

## 과학 01

### 우리가 몰랐던 행성 이야기

**중심 문장**은 중요하지 않은 내용을 삭제하거나 다른 말로 재구성하여 문단의 중심 내용을 정리하라는 표시입니다.

1 2006년 이전까지만 해도 태양계의 행성은 수성, 금성, 지구, 화성, 목성, 토성, 천왕성, 해왕성, 명왕성, 이렇게 총 9개였다. 그러다가 2006년에 국제 천문 연맹(IAU)에서 명왕성이 행성의 조건에 맞지 않는다는 이유로 탈락시켰다. 국제 천문 연맹에서 새롭게 정의한 행성의 조건에 대해 알아보자.

[중심 문장] 국제 천문 연맹에서 새롭게 정의한 (　　　　　)에 대해 알아보자.

2 첫째, 행성은 태양 주위를 공전해야 한다. 태양의 *중력에 이끌려 자신의 고유한 *궤도를 따라 똑같은 방향으로 태양의 둘레를 둥글게 도는 천체여야 행성으로 인정받을 수 있는 것이다. 태양의 주변을 공전하는 것에는 행성 외에도 혜성, 소행성 등이 있기 때문에 국제 천문 연맹은 행성과 다른 천체를 구분하기 위한 두 가지 조건을 더 추가하였다.

[중심 문장] 첫째, 행성은 (　　　　　)를 공전해야 한다.

3 둘째, 행성은 스스로의 중력으로 둥근 모양을 유지해야 한다. *구에 가까운 형태를 자신의 중력으로 유지하려면 충분한 질량을 가져야 한다. 질량이 크지 않은 혜성이나 소행성 등의 천체들은 중력이 약해서 천체 모양을 둥글게 유지할 수가 없다.

[중심 문장] 둘째, 행성은 스스로의 중력으로 (　　　　　)을 유지해야 한다.

4 셋째, 행성은 공전 궤도 주변에 다른 천체가 없어야 한다. 자신의 공전 궤도 주변에 다른 천체가 존재하지 않도록 하려면 크기도 크고 중력도 강해야 한다. 충분한 크기와 강한 중력으로 자신의 궤도 주변에 있는 작은 천체들을 빨아들이거나 쓸어 내어 주변을 깨끗하게 만들 수 있어야 한다. 한마디로 행성이 지나가는 궤도 주변에 얼음 알갱이나 작은 바위 같은 지저분한 것들이 없어야 한다는 말이다. 그러나 명왕성은 이 세 번째 조건을 충족하지 못해 행성의 자격을 *박탈당했다.

[중심 문장] 셋째, 행성은 공전 궤도 주변에 (　　　　　)가 없어야 한다.

5 지금까지 행성의 조건에 대해 알아보았다. 행성은 태양 주위를 돌고, 둥근 모양을 유지하고 있는 천체여야 한다. 그리고 자신의 궤도 주변의 다른 천체들을 지배하는 천체여야 한다. 이 세 가지 조건을 모두 충족한다면 행성으로 인정받을 수 있다.

[중심 문장] 행성은 (　　　　　)을 모두 충족해야 한다.

◀ 태양계의 행성들

### 어휘 뜻

*중력: 질량을 가지고 있는 모든 물체가 서로 잡아당기는 힘.

*궤도: 한 천체가 중력의 영향을 받아 다른 천체의 둘레를 돌면서 그리는 곡선의 길.

*구: 공처럼 둥글게 생긴 물체. 또는 그런 모양.

*박탈당하다: 남에게 권리 또는 자격 등을 빼앗기다.

**1** 이 글의 핵심어를 찾고, 짜임에 맞게 주요 내용을 정리하세요.

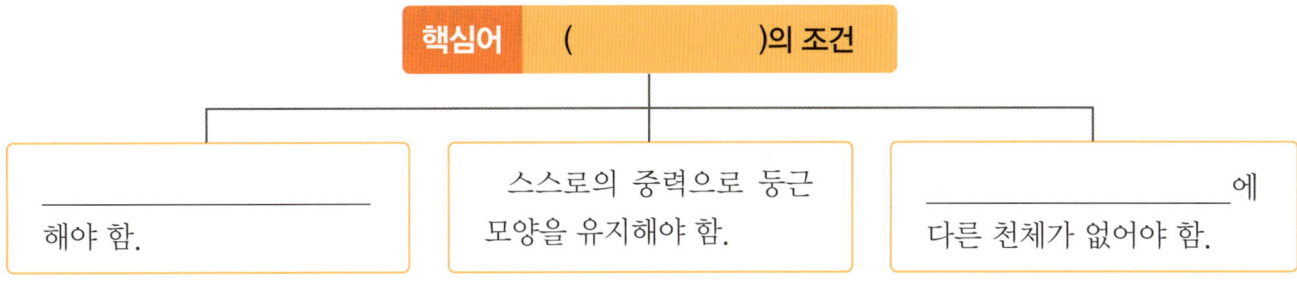

핵심어 (　　　　)의 조건

┌─────────────────┬─────────────────┬─────────────────┐
_____ 해야 함.

스스로의 중력으로 둥근 모양을 유지해야 함.

_____에 다른 천체가 없어야 함.

**2** 앞에서 정리한 내용을 바탕으로 이 글의 내용을 요약해 쓰세요.

> 행성의 조건은 다음과 같다. 행성은 태양 주위를 공전해야 하고, _____ _____, 공전 궤도 주변에 다른 천체가 없어야 한다.

 독해 정복!

**3** 이 글을 읽고 알 수 있는 내용이 아닌 것을 고르세요. (　　)

① 행성의 이름과 개수　　② 행성의 세 가지 조건
③ 태양계 행성들의 크기 관계　　④ 명왕성이 행성에서 탈락한 까닭

**4** 행성에 대한 설명으로 알맞은 것을 고르세요. (　　)

① 행성은 자신의 궤도에서 홀로 움직여야 한다.
② 행성은 모양이 울퉁불퉁하거나 찌그러져 있다.
③ 행성이 되려면 크기가 크지 않고 적당해야 한다.
④ 태양계에서 태양의 주변을 공전하는 것은 행성뿐이다.

# 02

**중심 문장**은 중요하지 않은 내용을 삭제하거나 다른 말로 재구성하여 문단의 중심 내용을 정리하라는 표시입니다.

## 햇볕과 바람이 꽃피운 천일염

1 천일염은 바닷물을 모아 두고 햇빛과 바람 등 자연을 이용하여 만든 소금이다. 우리나라 서해안에서 만든 천일염은 몸에 좋은 미네랄이 풍부한 것으로 알려져 있다. 천일염은 어떻게 만들어질까? 그 생산 과정을 살펴보자.

**중심 문장** (                    )의 생산 과정을 살펴보자.

2 첫 번째, 염전을 만든다. 염전은 소금을 만들기 위해 바닷물을 끌어 들여 논처럼 만든 곳으로, 햇볕이 잘 들고 바람이 많이 부는 곳에 만든다. 크게 저수지, 제1 증발지, 제2 증발지, 결정지로 나뉘어져 있다.

**중심 문장** 첫 번째, (                         ).

3 두 번째, 바닷물을 끌어다 염전의 저수지에 저장한다. 갯벌의 바닷물을 저수지에 가두어 놓으면 불순물이 가라앉으며 바닷물이 정화된다. 이때 바닷물의 염도는 2~3퍼센트 정도이다.

**중심 문장** 두 번째, 바닷물을 끌어다 염전의 (                    )한다.

4 세 번째, 증발지에서 햇볕과 바람으로 바닷물을 증발시킨다. 증발지는 저수지에서 들어온 바닷물을 저장해 햇볕과 바람으로 바닷물을 증발시켜 염도를 높이는 곳이다. 제1 증발지에서 약 10일간 바닷물을 증발시켜 염도를 11~12퍼센트 정도로 만들고, 제2 증발지로 바닷물을 내려보내 20~22퍼센트 정도까지 염도를 높인다. 바닷물에서 소금이 만들어지려면 염도가 약 22~25퍼센트 정도가 되어야 한다.

**중심 문장** 세 번째, 증발지에서 (            )으로 바닷물을 증발시킨다.

5 네 번째, 결정지에서 소금을 채취한다. 결정지는 증발지를 거쳐 내려온 바닷물에서 소금 결정체가 생기기 시작하는 곳이다. 결정지에 2일 정도 놔두면 바닷물의 염도가 25퍼센트 정도까지 높아져 소금이 잘 만들어진다. 바닷물이 거의 증발하고 하얀 소금이 드러나면 티(T) 자 모양으로 생긴 '대파'라는 도구로 소금을 끌어 모은다.

▲ 소금 채취하기

**중심 문장** 네 번째, 결정지에서 (                    ).

6 마지막으로, 채취한 소금을 소금 창고로 옮겨 보관한다. 소금 창고에 소금을 오래 보관해 두면 습기가 찬 소금에서 저절로 짜고 쓴 물이 녹아 흐르면서 맛 좋은 천일염이 만들어진다.

**중심 문장** 마지막으로, 채취한 소금을 (                    )한다.

### 어휘 뜻

*불순물: 순수한 물질에 섞여 있는 순수하지 않은 물질.

*정화되다: 더러운 것이나 순수하지 않은 것이 깨끗해지다.

*염도: 소금기의 정도.

**Day 07**

**1** 이 글의 핵심어를 찾고, 짜임에 맞게 주요 내용을 정리하세요.

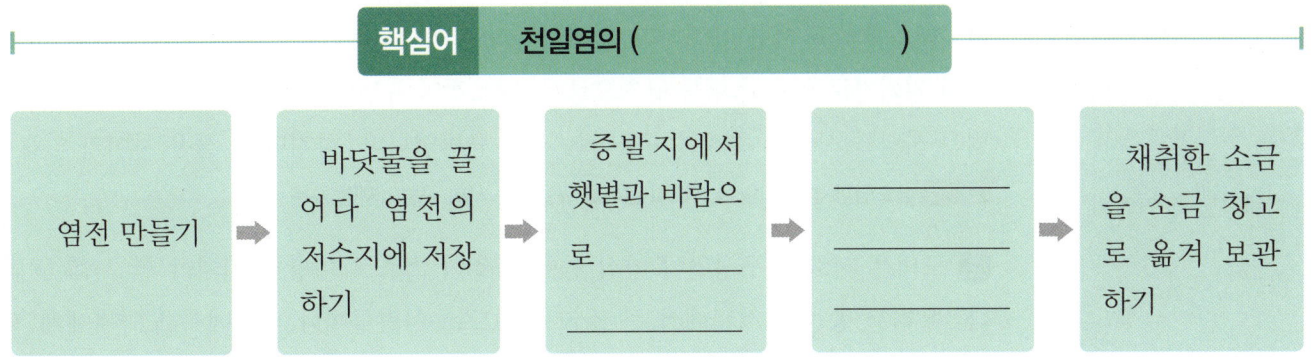

핵심어  천일염의 (              )

염전 만들기 → 바닷물을 끌어다 염전의 저수지에 저장하기 → 증발지에서 햇볕과 바람으로 _____ → _____ → 채취한 소금을 소금 창고로 옮겨 보관하기

**2** 앞에서 정리한 내용을 바탕으로 이 글의 내용을 요약해 쓰세요.

천일염을 생산하는 과정은 다음과 같다. 먼저 염전을 만들고 _____. 그런 다음 증발지에서 햇볕과 바람으로 바닷물을 증발시키고, 결정지에서 소금을 채취한다. _____.

**독해 정복!**

**3** 이 글을 읽고 알 수 있는 내용으로 알맞은 것을 고르세요. (       )

① 서해안 갯벌의 특징  ② 우리나라 소금의 역사
③ 소금을 얻는 다양한 방법들  ④ 바닷물에서 소금을 얻는 방법

**4** 천일염의 생산 과정을 바르게 이해한 친구를 찾아 이름을 쓰세요.

우영: 바닷물의 염도를 낮추어야 소금을 얻을 수 있구나.
재혁: 천일염을 만드는 첫 번째 과정은 바닷물을 햇볕에 증발시키는 거야.
소현: 염전의 저수지에 바닷물을 가두어 두는 까닭은 염도를 높이기 위해서야.
규진: 염전 저수지에 있던 바닷물이 증발지를 거쳐 결정지로 이동하면서 소금이 만들어지는구나.

(              )

## 사회 03

# 도덕과 법

**중심 문장**은 중요하지 않은 내용을 삭제하거나 다른 말로 재구성하여 문단의 중심 내용을 정리하라는 표시입니다.

1 공동체 속에서 살아갈 때 자신의 이익만을 챙기다 보면 갈등과 다툼이 생기기 쉽습니다. 공동체의 질서를 유지하기 위해서는 규범이 필요합니다. 규범은 사람들이 사회생활에서 지키기로 약속한 행동 규칙으로서, 대표적인 규범에는 도덕과 법이 있습니다. 도덕과 법은 사람들 사이의 관계를 *규율하는 사회 규범입니다. 하지만 이 둘은 차이가 있습니다.

**중심 문장** 도덕과 법은 사람들 사이의 관계를 규율하는 사회 규범이지만 둘은 (                    ).

2 도덕은 사회의 구성원이 *양심 등에 비추어 스스로 마땅히 지켜야 할 사회 규범입니다. 우리는 종종 도서관에서 큰 소리로 떠드는 사람들이나 버스에서 노약자에게 자리를 양보하지 않는 사람들을 볼 때가 있습니다. 이들을 도덕을 지키지 않은 사람들이라고 사회적으로 *비난은 할 수 있지만 처벌을 할 수는 없습니다. 왜냐하면 도덕은 강제성이 없고, 개인의 양심에 따라 자율적으로 따르게 하는 것이기 때문입니다.

**중심 문장** (          )은 사회의 구성원이 양심 등에 비추어 스스로 마땅히 지켜야 할 사회 규범입니다.

3 하지만 법은 다릅니다. 법은 사회 질서를 유지하기 위해 강제로 지키도록 하는 사회 규범입니다. 예를 들어, 어떤 사람이 남의 물건을 훔쳐 갔다면 어떻게 해야 할까요? 이것은 남에게 손해를 끼친 잘못된 행동이므로 사람의 양심에 맡기는 도덕이 아니라 강제성을 가진 법의 *제재를 받도록 해야 합니다. 또, 운전자들이 교통 신호를 지키지 않는다면 어떻게 해야 할까요? 도로가 혼란스러워지고 교통사고 등의 위험이 발생할 수 있는 행동이므로 국가가 만든 법에 의해 처벌해야 합니다. 법은 모든 사회 구성원이 반드시 따라야 하는 강제성이 있는 규범이므로 이를 어겼을 때는 국가의 처벌을 받습니다. 수많은 도덕 중에서 국민이라면 누구나 지켜야 할 중요한 것들만 뽑아서 만든 것이 법인 것입니다.

**중심 문장** (          )은 사회 질서를 유지하기 위해 강제로 지키도록 하는 사회 규범입니다.

4 이처럼 도덕은 사람의 마음속에서 스스로 생겨나는 행동이므로 강제성이 없고, 법은 국가가 만든 것이므로 강제성을 갖는다는 것이 가장 큰 차이입니다. 하지만 도덕과 법은 모두 사회 질서를 유지하기 위해 공동체에서 필요한 수단입니다.

**중심 문장** 도덕과 법은 서로 차이가 있지만, 모두 (              )를 유지하기 위해 공동체에서 필요한 수단입니다.

### 어휘 뜻

- *공동체: 생활이나 행동 또는 목적 등을 같이하는 집단.
- *규율하다: 사회 질서나 규칙을 좇아 다스리다.
- *양심: 자신이 스스로 세운 옳고 그름을 판단하는 기준에 따라 바른 말과 행동을 하려는 마음.
- *비난: 다른 사람의 잘못이나 결점에 대하여 나쁘게 말함.
- *제재: 법이나 규정을 어겼을 때 국가가 처벌이나 금지 등을 행함.

---

**1** 빈칸에 알맞은 말을 넣어 이 글의 핵심어를 완성하세요.

(                    )의 공통점과 차이점

Day 08

**2** 이 글의 짜임에 맞게 주요 내용을 정리하세요.

| | ( ) | ( ) |
|---|---|---|
| 공통점 | • 사람들 사이의 관계를 규율하는 _____임.<br>• 사회 질서를 유지하기 위해 공동체에서 필요한 수단임. | |
| 차이점 | • _____.<br>• 어겼을 때 사회적 비난을 받음. | • 강제성이 있음.<br>• 어겼을 때 _____. |

**3** 앞에서 정리한 내용을 바탕으로 이 글의 내용을 요약해 쓰세요.

> 도덕과 법은 _____ 사회 규범으로, 사회 질서를 유지하기 위해 공동체에서 필요한 수단입니다. 그러나 도덕은 강제성이 없고 어겼을 때는 사회적 비난을 받는 반면에 _____.

### 독해 정복!

**4** 글쓴이가 이 글을 쓴 까닭으로 알맞은 것을 고르세요. (　　)

① 법이 만들어지는 과정을 설명하기 위해 썼다.
② 교통 법규를 잘 지키자는 주장을 하기 위해 썼다.
③ 도덕과 법의 공통점과 차이점을 알려 주기 위해 썼다.
④ 공공시설을 이용할 때 지켜야 할 규칙을 알려 주기 위해 썼다.

**5** 이 글의 내용으로 알맞지 않은 것을 고르세요. (　　)

① 법을 어기면 제재를 받는다.
② 법은 국가가 만든 규범이다.
③ 도덕은 양심을 중요하게 생각한다.
④ 도덕을 지키지 않으면 처벌을 받는다.

# 04

**중심 문장**은 중요하지 않은 내용을 삭제하거나 다른 말로 재구성하여 문단의 중심 내용을 정리하라는 표시입니다.

**어휘 뜻**
- *팜: 야자과 나무.
- *가혹하다: 감당할 수 없을 만큼 몹시 모질고 심하다.
- *실상: 실제의 상태나 내용.
- *착취하다: 자원이나 재산, 노동력 등을 정당한 대가를 주지 않고 빼앗아 이용하다.
- *혹사하다: 혹독하게 일을 시키다.

## 혹사당하는 지구촌 아이들

1 서아프리카 코트디부아르에 사는 아이들은 카카오 농장에서 매일 하루 10시간 이상씩 초콜릿의 원료인 카카오 열매를 수확하는 일을 한다. 또, 인도네시아의 팜 농장이나 우즈베키스탄의 목화 농장에서도 7~11세 정도의 아이들이 힘든 노동에 시달리고 있다. 국제 노동 기구(ILO)의 최근 통계 자료에 따르면, 전 세계적으로 1억 6천만 명 정도의 아동이 학교가 아닌 가혹한 노동 현장에서 가난 때문에 일을 하고 있다고 밝혔다. 국제 노동 기구를 비롯해 관련 세계 시민 단체들은 해마다 전 세계 아동 노동의 심각성을 알리는 캠페인을 개최한다. 그런데도 아동 노동자 수가 좀처럼 감소하지 않고 오히려 증가하고 있다. 아동 노동 문제를 해결하기 위해 우리 모두가 나서야 할 때이다.

**중심 문장** 아동 노동자 수가 (　　　　　　　　　　)를 해결하기 위해 우리 모두가 나서야 할 때이다.

2 아동 노동 문제를 해결하려면 먼저, 아동 노동 문제에 관심을 가지고 다양한 참여 활동을 하는 것이 필요하다. '세계 아동 노동 반대의 날'인 6월 12일이 되면 국제 기구나 시민 단체 등이 주최하는 다양한 캠페인 활동에 적극적으로 동참한다. 이러한 참여 활동을 통해 알게 된 아동 노동의 실상을 많은 사람들에게 알릴 수 있다.

**중심 문장** 아동 노동 문제를 해결하려면 먼저, 아동 노동 문제에 관심을 가지고 다양한 (　　　　　)을 하는 것이 필요하다.

3 다음은, 공정 무역 마크가 붙은 제품을 사려는 노력이 필요하다. 아이들의 노동을 착취하여 생산되는 물건의 종류는 우리 주변에 생각보다 많다. 그러나 어떤 물건이 아동 노동으로 만든 것인지 제품 어디에도 표시되어 있지 않다. 따라서 아이들을 혹사하여 만든 제품이 아닌지 인터넷을 통해 미리 정보를 찾아본 뒤,

▲ 공정 무역 초콜릿

조금 비싸더라도 온라인이나 공정 무역 제품을 취급하는 상점에서 생산자의 노동에 정당한 대가를 지불한 공정 무역 마크가 붙은 제품을 사도록 한다.

**중심 문장** 다음은, (　　　　　　　　)가 붙은 제품을 사려는 노력이 필요하다.

4 아동 노동 문제는 하루아침에 해결할 수 있는 것이 아니다. 하지만 아동 노동자 수를 조금씩 줄이기 위한 방법을 우리가 생활 속에서 찾아 실천한다면 아동 노동 문제가 보다 빨리 해결될 수 있다. 우리의 관심과 노력은 노동 현장에서 혹사당하는 아이들이 학교로 빨리 돌아가는 데 큰 도움이 될 것이다.

**중심 문장** (　　　　　　　　　　)를 줄이기 위한 방법을 생활 속에서 찾아 실천한다면 아동 노동 문제가 보다 빨리 해결될 수 있다.

**Day 09**

**1** 빈칸에 알맞은 말을 넣어 이 글의 핵심어를 완성하세요.

(　　　　　　　　　　　　　　　　　)을/를 해결하는 방법

**2** 이 글의 짜임에 맞게 주요 내용을 정리하세요.

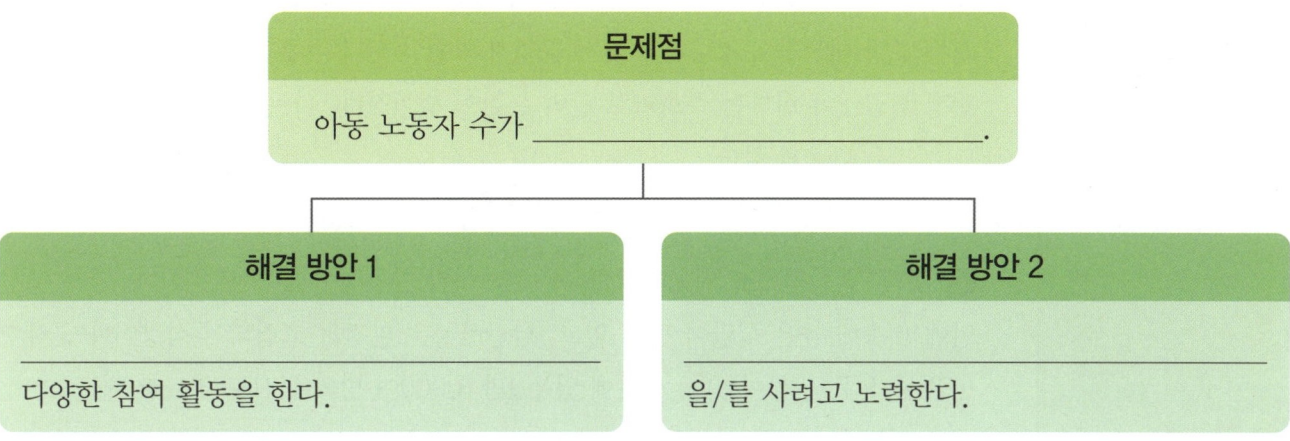

**3** 앞에서 정리한 내용을 바탕으로 이 글의 내용을 요약해 쓰세요.

아동 노동자 수가 증가하는 문제를 해결하려면 _____.

 독해 정복!

**4** 글쓴이의 주장으로 알맞은 것을 고르세요. (　　　)

① 아동에게 적당한 노동은 필요하다.　　② 아동 노동의 실상을 감추어야 한다.
③ 아이들의 노동을 착취해서는 안 된다.　　④ 공정 무역 제품의 가격을 내려야 한다.

**5** 다음 내용을 알 수 있는 문단의 번호를 쓰세요.

(1) 아동 노동의 문제점이 드러난 부분: (　　　　)문단
(2) 아동 노동 문제의 해결 방안을 제시한 부분: (　　　　)문단

## 사회

**중심 문장**은 중요하지 않은 내용을 삭제하거나 다른 말로 재구성하여 문단의 중심 내용을 정리하라는 표시입니다.

### 어휘 뜻

*화친: 나라와 나라 사이에 싸움이 없이 서로 가까이 지냄.

*논란: 여럿이 서로 다른 주장을 내며 다툼.

*지지하다: 어떤 사람이나 단체 등이 내세우는 주의나 의견 등에 찬성하고 따르다.

*비축하다: 만약의 경우를 대비하여 미리 모아 두다.

*명분: 각각의 이름이나 신분에 따라 마땅히 지켜야 할 도리.

*실리: 실제로 얻는 이익.

## 청나라와 맞서 싸울 것인가

1 1627년 정묘호란 이후 국력이 더욱 세진 후금은 국호를 청으로 바꾸고 조선에게 형제의 관계가 아닌 임금과 신하의 관계로 바꿀 것을 요구했다. 조선이 이를 거절하자 청나라는 1636년 12월 2일, 10만 대군을 이끌고 조선을 다시 침략했다. 이를 병자호란이라고 한다. 한양이 무너지고 강화도로 피란이 어려워지자 인조와 조정 대신들은 다급하게 남한산성으로 피신을 했다. 청 태종은 남한산성을 완전히 포위하고 항복을 요구했다. 성안에서는 조정 대신들이 청나라와 맞서 끝까지 싸워야 한다는 주전파와 청나라와 화친을 맺고 전쟁을 끝내야 한다는 주화파로 갈려 논란이 벌어졌다. 나는 주화파의 주장을 지지한다. 그 까닭은 다음과 같다.

**중심 문장** 나는 청나라와 화친을 맺고 전쟁을 끝내야 한다는 (　　　　　　　　)을 지지한다.

2 첫째, 현실적으로 청나라와 맞서 싸워 이길 가능성이 낮기 때문이다. 당시 조선은 성안에 비축해 놓은 식량이 별로 없고, 남한산성은 완전히 고립되어 식량이나 군사 지원도 받을 수 없는 상황이었다. 성안에 있는 1만 3,000여 명의 군사로 청나라 대군을 이긴다는 것은 거의 불가능한 일이다.

**중심 문장** 첫째, 현실적으로 청나라와 맞서 싸워 이길 (　　　　　　　　) 때문이다.

3 둘째, 나라와 백성을 지켜야 하기 때문이다. 인조와 조정 대신들이 명분과 자존심을 지키기 위해 청나라의 요구를 들어주지 않고 전쟁을 계속한다면 나라와 백성들이 위태로워졌을 것이다. 청나라와 화친을 맺어 나라를 유지하고 백성의 목숨을 지키는 것이 우선이다. 나라의 힘을 키운 뒤에 복수의 기회를 노리는 것이 현명하다.

**중심 문장** 둘째, (　　　　　　　　)을 지켜야 하기 때문이다.

4 셋째, 쓰러져 가는 명나라보다 힘이 강해진 청나라를 가까이하는 것이 이롭기 때문이다. 임진왜란 때 우리에게 도움을 준 명나라와의 의리 때문에 청나라의 뜻을 거스르는 것은 나라를 위험에 빠뜨리는 일이다. 강자로 떠오른 청나라와 화해하고 실리를 추구하는 편이 최선의 선택이다.

**중심 문장** 셋째, 쓰러져 가는 (　　　　　　)보다 힘이 강해진 (　　　　　　)를 가까이하는 것이 이롭기 때문이다.

5 병자호란은 청나라의 일방적인 침략으로 시작된 전쟁이다. 청나라 군대에 대항할 만한 힘을 갖추지 못한 상태에서 청나라와 맞서 끝까지 싸워야 한다는 주전파의 주장은 설득력이 약하다. 나라와 백성을 진정 위한다면 명분보다는 실리를 추구하는 편을 선택해야 한다.

**중심 문장** 나라와 백성을 진정 위한다면 (　　　　　　)보다는 (　　　　　　)를 추구하는 편을 선택해야 한다.

**1** 빈칸에 알맞은 말을 넣어 이 글의 핵심어를 완성하세요.

( )의 논란

**2** 이 글의 짜임에 맞게 주요 내용을 정리하세요.

| 주장 | _____. |

| 근거 1 | 근거 2 | 근거 3 |
|---|---|---|
| 현실적으로 청나라와 맞서 싸워 이길 가능성이 낮기 때문이다. | _____. | 쓰러져 가는 명나라보다 힘이 강해진 _____ _____ 때문이다. |

**3** 앞에서 정리한 내용을 바탕으로 이 글의 내용을 요약해 쓰세요.

나는 주화파의 주장을 지지한다. 왜냐하면 _____
_____. 그리고 쓰러져 가는 명나라보다 힘이 강해진 청나라를 가까이하는 것이 이롭기 때문이다.

 독해 정복!

**4** 글쓴이의 주장과 같은 생각을 가진 친구를 찾아 이름을 쓰세요.

종현: 청나라에게 하나를 양보하면 다음에는 조선에게 두 개를 요구할 거야. 저들에게 계속 끌려다닐 수는 없어.
민수: 예부터 국가의 근본은 백성이라고 했어. 따라서 국가는 백성들의 안전부터 먼저 신경 써야 한다고 생각해.
유림: 병력의 수가 적다고 청나라에게 꼭 패하라는 법은 없어. 임진왜란 때 이순신 장군도 뛰어난 전술로 전쟁을 승리로 이끌었잖아.

( )

# 06 한자의 생성 원리

**1** 한자가 만들어진 원리에는 상형, 지사, 회의, 형성, 전주, 가차가 있다. 이 중에서 상형, 지사, 회의, 형성은 새로운 한자를 만들어 낸 기본 원리에 해당하고, 전주와 가차는 이미 만들어진 한자를 응용하는 원리에 해당한다.

중심 문장 (                                                    )에는 상형, 지사, 회의, 형성, 전주, 가차가 있다.

**2** 상형은 실제 사물의 모양을 본떠 만든 방식이다. 사물의 전체 모습이나 특징을 구체적으로 그려서 의미를 나타내는 방법이다. 예를 들면, '日(날 일)'은 해의 전체 모습을 본떠 만든 글자이고, '山(메 산)'은 산봉우리가 연이어 있는 모양을 본떠 만든 글자이다.

중심 문장 상형은 실제 사물의 (                          ) 방식이다.

**3** 지사는 추상적인 개념을 기호로 나타낸 방식이다. 구체적인 사물의 모양으로 표현이 안 되는 추상적인 생각이나 뜻을 점이나 선을 사용해서 표시한 방법이다. 예를 들면, '上(윗 상)', '下(아래 하)'는 기준선(一) 위, 아래에 점을 그어 위와 아래를 나타낸 글자이다.

중심 문장 지사는 추상적인 개념을 (            )로 나타낸 방식이다.

**4** 상형과 지사의 원리에 의해 이미 만들어진 글자들을 결합하여 새로운 글자를 만드는 방법이 있다. 바로 회의와 형성이다. 회의는 둘 이상의 글자 뜻을 결합하여 새로운 뜻과 음을 나타내는 방식이다. 예를 들면, '明(밝을 명)'은 '日(날 일)'과 '月(달 월)'을 합하여 만든 글자이다.

중심 문장 회의는 둘 이상의 글자 뜻을 결합하여 (                      )을 나타내는 방식이다.

**5** 형성은 일부는 뜻을 나타내고 일부는 음을 나타내도록 둘 이상의 글자를 결합하는 방식이다. 예를 들면, '聞(들을 문)'은 뜻을 나타내는 '耳(귀 이)'와 음을 나타내는 '門(문 문)'이 합쳐져 만들어진 글자이다. 이 방식으로 만들어진 글자는 전체 한자의 80퍼센트 이상을 차지한다.

중심 문장 형성은 일부는 (            )을 나타내고 일부는 음을 나타내도록 둘 이상의 글자를 결합하는 방식이다.

**6** 전주는 이미 있는 글자의 뜻을 확대하여 다른 뜻이나 음으로 바꾸어 쓰는 방식으로, '樂(풍류 악)'을 '즐거울 락', '좋아할 요'로도 쓰는 경우이다. 가차는 뜻과는 상관없이 이미 있는 글자의 발음만 빌려 쓰는 방식으로, '아시아'를 '亞細亞(아세아)'로 쓰는 경우이다. 가차는 외래어나 의성어 등의 표기법에 많이 사용된다.

중심 문장 전주는 이미 있는 글자의 뜻을 확대하여 다른 뜻이나 음으로 (                  ) 방식이고, 가차는 뜻과는 상관없이 이미 있는 글자의 (                ) 방식이다.

## 어휘 뜻

*응용하다: 어떤 이론이나 지식을 구체적인 일이나 다른 분야에 알맞게 맞추어 이용하다.

*추상적: 구체적이지 않아 막연하고 일반적인 것.

*풍류: 멋스럽고 풍치가 있는 일. 또는 그렇게 노는 일.

*의성어: 사람이나 사물의 소리를 흉내 낸 말.

# Day 11

**1** 이 글의 핵심어를 찾고, 짜임에 맞게 주요 내용을 정리하세요.

핵심어
( )이/가 만들어진 원리

- ( ): 실제 사물의 모양을 본떠 만든 방식
- 지사: 추상적인 개념을 _____ 방식
- 회의: 둘 이상의 글자 뜻을 결합하여 새로운 뜻과 음을 나타내는 방식
- ( ): 일부는 뜻을 나타내고 일부는 음을 나타내도록 둘 이상의 글자를 결합하는 방식

- 전주: 이미 있는 글자의 뜻을 확대하여 _____ _____ 방식
- 가차: 뜻과는 상관없이 이미 있는 글자의 발음만 빌려 쓰는 방식

**2** 앞에서 정리한 내용을 바탕으로 이 글의 내용을 요약해 쓰세요.

한자가 만들어진 원리 중에서 _____이고, 지사는 추상적인 개념을 기호로 나타낸 방식이다. 회의는 둘 이상의 글자 뜻을 결합하여 새로운 뜻과 음을 나타내는 방식이고, _____ 둘 이상의 글자를 결합하는 방식이다. 전주는 이미 있는 글자의 뜻을 확대하여 다른 뜻이나 음으로 바꾸어 쓰는 방식이고, 가차는 _____ 방식이다.

 독해 정복!

**3** 이미 만들어진 글자를 결합하여 새로운 한자를 만드는 원리를 설명한 문단끼리 묶은 것을 고르세요. ( )

① 2문단, 3문단  ② 3문단, 4문단  ③ 4문단, 5문단  ④ 5문단, 6문단

**4** 한자가 만들어진 원리에 대한 설명으로 알맞지 <u>않은</u> 것을 고르세요. ( )

① 한자 중에서 형성으로 만들어진 글자가 가장 많다.
② 가차는 이미 있는 글자의 뜻만 빌려 쓰는 방식이다.
③ 지사는 추상적인 생각을 점이나 선 같은 기호로 나타낸 방식이다.
④ 형성의 원리로 만들어진 한자는 뜻과 음을 나타내는 부분으로 이루어져 있다.

# 비행기의 역사 속으로

1 인류는 아주 오랜 옛날부터 하늘을 날고 싶다는 꿈을 꾸었다. 수많은 사람의 도전과 *시행착오 끝에 마침내 그 꿈을 실현시킬 수 있었다. 하늘을 날기 위한 인류의 노력이 어떻게 발전하였는지 비행기의 발전 과정을 알아보자.

**중심 문장** (                              )을 알아보자.

2 최초의 비행은 *동력 장치 없이 바람의 힘으로 나는 글라이더에서 시작되었다. 1891년에 독일의 항공 기술자 오토 릴리엔탈은 최초로 사람이 탄 상태에서 날 수 있는 글라이더를 만들었다. 그는 2,000회에 이르는 비행 실험을 한 끝에 바람의 힘으로만 짧은 시간 하늘을 나는 데 성공했다.

**중심 문장** 최초의 비행은 동력 장치 없이 바람의 힘으로 나는 (              )에서 시작되었다.

3 드디어 1903년에 미국의 라이트 형제는 인류 최초의 동력 비행에 성공했다. 그들은 가솔린 엔진이 달린 동력 비행기 '플라이어 1호'를 직접 만들어 기계의 힘으로 하늘을 나는 꿈을 이루었다. 첫 시험 비행에서 날았던 시간은 12초에 불과하고 거리는 36미터 정도에 지나지 않았지만 동력 비행의 시작을 알리는 역사적인 순간이었다.

**중심 문장** 1903년에 미국의 라이트 형제는 인류 최초의 (              )에 성공했다.

4 이후, 제1차 세계 대전(1914~1918년)과 제2차 세계 대전(1939~1945년)을 치르면서 적의 *정세를 살피는 정찰기나 전투기, 폭격기 등이 사용되기 시작하였다. 군사적 목적의 비행기가 등장한 것이다. 두 번의 전쟁을 치르는 동안 항공 기술과 성능이 급속히 향상되었다.

**중심 문장** 두 번의 세계 대전을 치르면서 (              ) 목적의 비행기가 등장하였다.

5 전쟁 후, 1960년대에 이르러서는 여객기, 화물 운송기 등 상업적 목적의 비행기가 등장했다. 항공기 제조사들이 크게 성장하면서 항공기 제조 기술이 급속도로 발전하였다. 이 시기에 개발된 초대형 여객기 덕분에 안전하고 편리하게 항공 여행을 즐길 수 있게 되었다.

**중심 문장** 1960년대에 이르러서는 (              )가 등장했다.

6 오늘날에는 항공 기술의 눈부신 발전으로 *초음속 여객기부터 드론, 우주 공간을 나는 우주선에 이르기까지 항공기의 종류가 다양해졌다. 뿐만 아니라 전기와 수소 연료 전지로 가는 친환경 항공기, 무인 항공기 등 더욱 혁신적인 비행기를 개발 중이다. 우리 삶을 더 풍요롭게 만들어 줄 미래의 비행기가 기대된다.

**중심 문장** 오늘날에는 (              )가 다양해졌을 뿐만 아니라, 더욱 혁신적인 비행기를 개발 중이다.

## 어휘 뜻

*시행착오: 어떤 목표에 이르기 위해 시도와 실패를 되풀이하면서 점점 알맞은 방법을 찾는 일.

*동력: 전기 또는 자연에 있는 에너지를 쓰기 위하여 기계적인 에너지로 바꾼 것.

*정세: 일이 되어 가는 형편.

*초음속 여객기: 소리의 속도보다 빠른 속도로 비행하는 여객기.

1 이 글의 핵심어를 찾고, 짜임에 맞게 주요 내용을 정리하세요.

핵심어 ( )의 발전 과정

| 최초의 비행은 _____ _____ _____ 에서 시작됨. | → | 1903년에 라이트 형제가 _____ _____ _____. | → | 두 번의 세계 대전을 치르면서 군사적 목적의 비행기가 등장함. | → | 1960년대에 상업적 목적의 비행기가 등장함. | → | 오늘날에는 항공기의 종류가 다양해졌고, 더욱 혁신적인 비행기를 개발 중임. |

2 앞에서 정리한 내용을 바탕으로 이 글의 내용을 요약해 쓰세요.

최초의 비행은 동력 장치가 없는 글라이더에서 시작되었다. 그러다가 _____ _____. 이후 _____ _____ 목적의 비행기가 등장했고, _____ 목적의 비행기가 등장했다. 오늘날에는 항공기의 종류가 다양해졌고, 더욱 혁신적인 비행기를 개발 중이다.

 독해 정복!

3 비행기의 발전 과정에 맞게 차례대로 기호를 쓰세요.

㉮ 글라이더
㉯ 여객기, 화물 운송기
㉰ 정찰기, 전투기, 폭격기
㉱ 동력 비행기 '플라이어 1호'

( ) → ( ) → ( ) → ( )

4 이 글의 내용으로 알맞은 것을 고르세요. ( )

① 릴리엔탈이 만든 글라이더에는 동력 장치가 없다.
② 라이트 형제는 무동력 비행기로 하늘을 나는 데 성공하였다.
③ 제1차 세계 대전 중에 인류 최초의 동력 비행기가 개발되었다.
④ 항공 기술이 발전하여 1960년대에 무인 항공기가 개발되었다.

## 사회 08

# 수도권 인구 집중 이대로 괜찮을까

**1** 서울특별시와 그 주변에 있는 경기도, 인천광역시를 합해서 수도권이라고 한다. 전체 국토 면적의 12퍼센트에 불과한 수도권에 우리나라 인구의 50퍼센트 이상이 몰려 있다. 최근 인구 통계 자료에 의하면, 수도권과 비수도권 인구 격차*가 70만 명까지 벌어진 것으로 나타났다. 수도권의 인구 집중이 갈수록 심해지면서 주택 부족, 교통 혼잡, 환경 오염, 지역 간 성장 불균형 등의 사회 문제가 점점 악화*되고 있다. 수도권의 인구 집중 문제를 해결하기 위해서는 국토를 균형적으로 발전시켜야 한다.

[중심 문장] 수도권의 인구 집중 문제를 해결하기 위해서는 국토를 (　　　　　　　　)시켜야 한다.

**2** 국토를 균형적으로 발전시키려면 먼저, 수도권의 기능을 분산시킬 수 있는 혁신 도시*를 건설해야 한다. 정부에서는 지금까지 서울의 인구 집중 문제를 해결하기 위해 1980년대부터 경기도에 신도시 건설을 추진해 왔다. 2012년에는 충청도 지방에 행정 중심 복합 도시인 세종특별자치시를 건설하여 수도권에 집중되어 있는 공공 기관 등을 이전시켰다*. 이처럼 수도권에 몰려 있는 기능을 지방으로 옮겨 그 주변을 발전시킨다면 수도권과 비수도권의 격차가 점진적으로 줄어들 것이다.

[중심 문장] 국토를 균형적으로 발전시키려면 먼저, 수도권의 기능을 분산시킬 수 있는 (　　　　　　)를 건설해야 한다.

**3** 다음은, 지방의 교통 및 생활 환경을 개선해야 한다. 수도권과 지방의 주요 도시들을 빠르고 편리하게 이동할 수 있도록 지하철 범위를 확대하고, 버스 운행 시간을 연장한다. 또한 생활의 편의성을 위한 공공시설이나 의료 시설, 교육 기관, 문화 시설 등을 지방에 확충한다*. 대중교통과 생활 환경이 수도권과 비슷할 정도로 개선된다면 수도권으로의 인구 이동을 줄일 수 있을 뿐만 아니라 수도권에 몰린 인구를 분산시킬 수 있다.

[중심 문장] 다음은, 지방의 (　　　　　　　　　　)을 개선해야 한다.

**4** 우수한 교육 시설, 교통의 발달, 좋은 일자리 등이 밀집되어 있는 수도권으로의 인구 집중은 자연스러운 일이다. 그런데 더 이상 수도권에 사람들이 들어갈 공간이 없다. 국토를 균형적으로 발전시켜 수도권과 비수도권의 격차를 줄이도록 하자.

[중심 문장] 국토를 균형적으로 발전시켜 (　　　　　　　　　　)의 격차를 줄이도록 하자.

---

### 어휘 뜻

* **격차**: 서로 차이가 벌어진 정도.
* **악화되다**: 일이나 상황이 나쁜 방향으로 나아가다.
* **혁신 도시**: 국가 균형 발전을 위하여 지방의 중요 지역에 새롭게 만드는 도시.
* **이전시키다**: 장소나 주소 등을 다른 곳으로 옮기다.
* **확충하다**: 규모를 늘리고 부족한 것을 보충하다.

---

**1** 빈칸에 알맞은 말을 넣어 이 글의 핵심어를 완성하세요.

수도권의 (　　　　　　　　　　)을/를 해결하는 방법

**2** 이 글의 짜임에 맞게 주요 내용을 정리하세요.

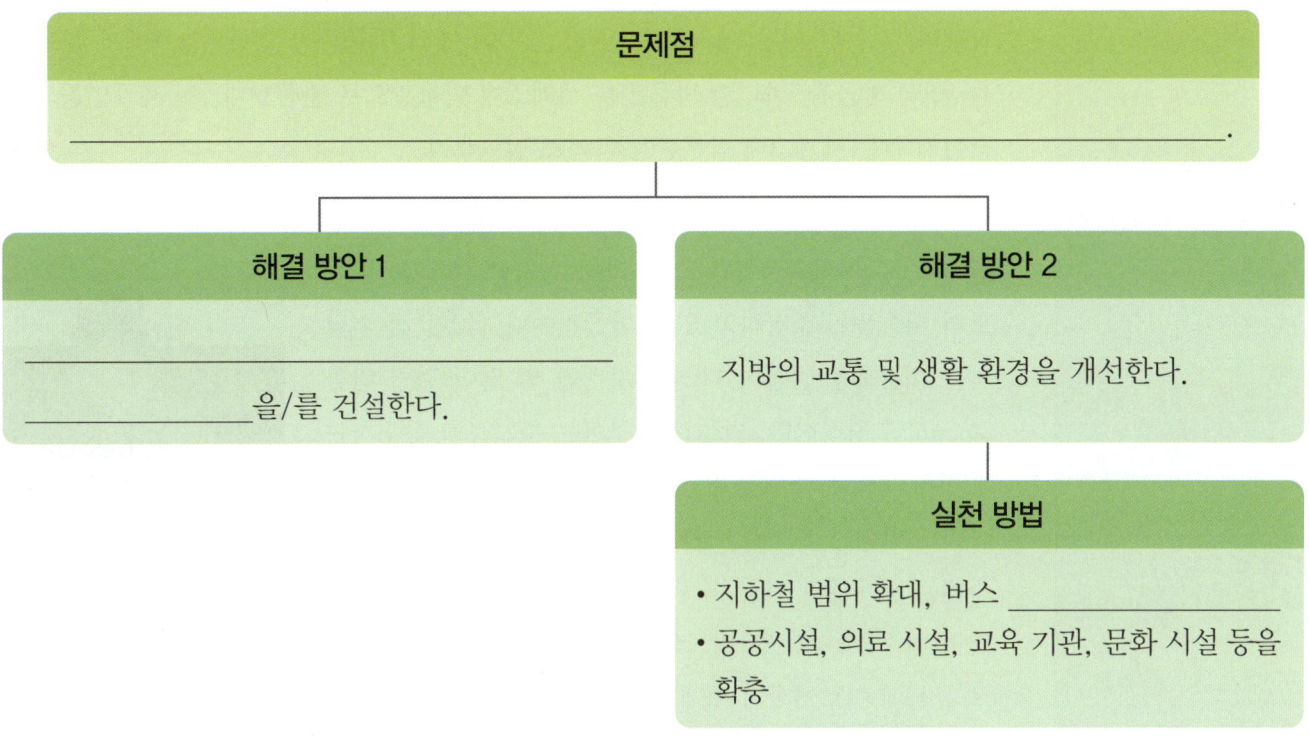

| 문제점 |
|---|
| _____. |

| 해결 방안 1 | 해결 방안 2 |
|---|---|
| _____<br>_____ 을/를 건설한다. | 지방의 교통 및 생활 환경을 개선한다. |

실천 방법
- 지하철 범위 확대, 버스 _____
- 공공시설, 의료 시설, 교육 기관, 문화 시설 등을 확충

**3** 앞에서 정리한 내용을 바탕으로 이 글의 내용을 요약해 쓰세요.

> 수도권의 인구 집중이 심해지면서 사회 문제가 점점 악화되고 있다. 이를 해결하려면 _____
> _____
> _____.

 독해 정복!

**4** 이 글을 읽고 생각이나 느낌을 알맞게 말한 친구를 찾아 ○표 하세요.

(1) 시우: 수도권의 기능을 다른 도시로 분산시키면 언젠가는 수도권이 사라질 거야. (        )

(2) 수정: 글쓴이는 수도권으로 이동하는 사람들을 부정적인 시선으로 바라보고 있어. (        )

(3) 효원: 수도권이 아니어도 불편을 느끼지 않게 지방 주요 도시들을 발전시켰으면 좋겠어. (        )

## 미술 09

# 세계 최고의 박물관들을 만나다

1 '박물관'이라는 용어는 예술의 *전성기라고 할 수 있는 *르네상스 시대부터 사용하기 시작했다. 오늘날 전 세계적으로 약 55,000여 개의 박물관이 있다. 그중에서 루브르 박물관, 영국 박물관, 바티칸 박물관은 세계 3대 박물관으로 손꼽힌다. 전 세계인들의 발길이 끊이지 않는 세계 3대 박물관을 차례로 알아보자.

중심 문장 (                                    )을 차례로 알아보자.

2 루브르 박물관은 프랑스 파리에 위치한 세계 최대 규모의 미술품을 *소장하고 있는 박물관이다. 40만 점에 달하는 미술품을 꼼꼼히 다 살펴보려면 몇 달이 걸릴 만큼 그 규모가 굉장하다. 박물관 입구에는 루브르를 상징하는 22미터 높이의 거대한 유리 피라미드가 있다. 이 유리 피라미드 안에는 드농관, 쉴리관, 리슐리외관으로 통하는 전시관 입구가 있다. 루브르 박물관에는 세계에서 가장 유명한 그림인 레오나르도 다빈치의 「모나리자」를 비롯하여 「밀로의 비너스」 조각상, 다비드의 「나폴레옹 황제와 황후의 대관식」 그림, 5만 점이 넘는 이집트 유물에 이르기까지 세계적인 미술품들이 전시되어 있다.

▲ 루브르 박물관

중심 문장 (                )은 프랑스 파리에 위치한 세계 최대 규모의 미술품을 소장하고 있는 박물관이다.

3 영국 런던에 있는 영국 박물관은 세계 최초의 공공 박물관이다. 세계에서 가장 오래된 박물관답게 이집트, 그리스, 로마 등에서 수집된 8백만 점이 넘는 *희귀한 고대 유물이 전시되어 있다. 특히 고대 이집트 문자를 해독하는 데 중요한 열쇠가 되는 「로제타석」과 이집트 왕 「람세스 2세 석상」은 영국 박물관을 대표하는 유물이다.

▲ 영국 박물관

중심 문장 영국 런던에 있는 영국 박물관은 (                    )이다.

4 바티칸 박물관은 교황이 *통치하는 이탈리아의 작은 도시 국가인 바티칸 *시국의 궁전 안에 있는 박물관이다. 궁전 안에 있는 400여 개의 방과 예배당 중에서 교황이 사용하는 곳은 몇 군데 안 되고 대부분이 박물관으로 사용되고 있다. 바티칸 박물관에는 미켈란젤로와 라파엘로의 대작들이 전시되어 있다. 특히 미켈란젤로가 시스티나 성당의 천장에 그린 「천지창조」와 벽화 「최후의 심판」은 바티칸 박물관을 대표하는 미술품이다.

▲ 바티칸 박물관

중심 문장 바티칸 박물관은 (                         ) 안에 있는 박물관이다.

### 어휘 뜻

- *전성기: 힘이나 세력 등이 한창 왕성한 시기.
- *르네상스: 14~16세기에, 이탈리아를 중심으로 하여 유럽 여러 나라에서 일어난 문화 혁신 운동.
- *소장하다: 자기의 것으로 지니어 간직하다.
- *희귀하다: 드물어서 특이하거나 매우 귀하다.
- *통치하다: 나라나 지역을 도맡아 다스리다.
- *시국: 하나의 시만으로 이루어진 국가.

**1** 이 글의 핵심어를 찾고, 짜임에 맞게 주요 내용을 정리하세요.

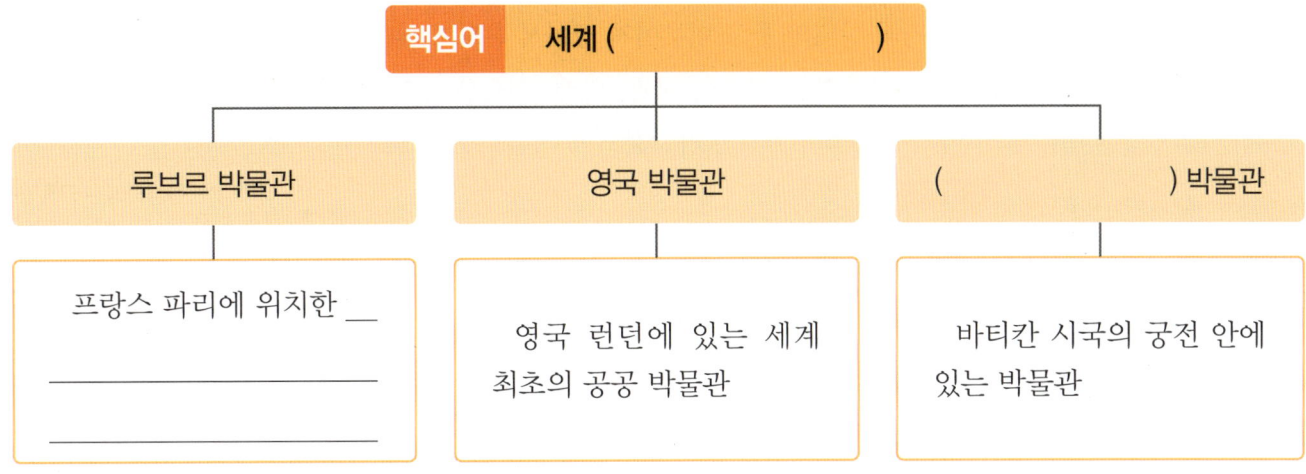

**2** 앞에서 정리한 내용을 바탕으로 이 글의 내용을 요약해 쓰세요.

> 루브르 박물관, 영국 박물관, 바티칸 박물관은 세계 3대 박물관으로 손꼽힌다. 그중에서 루브르 박물관은 세계 최대 규모의 미술품을 소장하고 있는 박물관이다. 그리고 영국 박물관은 _____ _____이고, _____ _____.

 독해 정복!

**3** ②문단을 읽고 알 수 있는 내용이 <u>아닌</u> 것을 고르세요. ( )

① 루브르 박물관의 역사　　② 루브르 박물관의 구조
③ 루브르 박물관의 규모　　④ 루브르 박물관에 전시된 미술품

**4** 이 글의 내용으로 알맞은 것을 고르세요. ( )

① 바티칸 박물관은 세계에서 가장 작은 박물관이다.
②「모나리자」그림은 루브르 박물관에 소장되어 있다.
③ 루브르 박물관은 세계에서 가장 오래된 박물관이다.
④ 최근 들어 '박물관'이라는 용어를 전 세계적으로 사용하기 시작했다.

## 과학 10

## 구름, 안개, 이슬의 정체

1 구름, 안개, 이슬은 어떻게 다를까? 공기 중에는 많은 수증기가 포함되어 있다. 수증기는 기체 상태의 물로 이루어져 있어서 온도가 낮아지면 물방울이 되고, 온도가 높아지면 다시 수증기로 변한다. 구름, 안개, 이슬은 공기 중의 수증기가 *응결해 나타나는 현상이라는 공통점이 있지만 차이점도 있다.

**중심 문장** 구름, 안개, 이슬은 공기 중의 ( )해 나타나는 현상이라는 공통점이 있지만 차이점도 있다.

2 구름은 바다, 강, 호수, 습지, 식물 등에서 *증발한 물인 수증기로 만들어진다. 수증기는 공기보다 가벼워 하늘 높이 올라간다. 위로 올라갈수록 부피는 커지고 온도가 낮아지기 때문에 차가워진 공기는 더 이상 수증기가 되지 못하고 *한데 엉겨 물방울로 변한다. 다만 수증기가 저절로 물방울이 되는 것이 아니고 공기 중의 작은 먼지나 *그을음 같은 알갱이들이 수증기에 달라붙어 물방울이 된다. 이렇게 공기 중의 수증기가 응결해 작은 물방울이나 작은 얼음 알갱이로 높은 하늘에 무리 지어 떠 있는 것이 바로 구름이다.

**중심 문장** 공기 중의 수증기가 응결해 ( )로 높은 하늘에 무리 지어 떠 있는 것이 구름이다.

3 맑은 날 이른 아침에 짙게 깔린 안개 때문에 앞이 뿌옇게 보이는 경험이 한 번쯤은 있을 것이다. 안개가 만들어지는 과정은 구름이 만들어지는 과정과 비슷하다. 다만 만들어지는 위치가 다를 뿐이다. 지표면 근처에서 만들어진 것은 안개이고, 높은 하늘에서 만들어진 것은 구름이다. 안개는 따뜻하고 습한 공기가 땅 위의 차가운 공기나 *지표면과 만났을 때 생긴다. 따뜻한 공기가 식으면 수증기가 응결하여 물방울을 만든다. 이렇게 지표면 가까이에 있는 공기 중의 수증기가 응결해 지표면 근처에 작은 물방울로 떠 있는 것이 안개이다.

**중심 문장** 지표면 가까이에 있는 공기 중의 수증기가 응결해 지표면 근처에 작은 물방울로 떠 있는 것이 ( )이다.

4 맑은 날 새벽에 풀잎이나 꽃잎에 이슬이 맺혀 있는 것을 흔하게 볼 수 있다. 밤이 되어 차가워진 공기가 수증기를 더 담을 수 없게 되면 수증기는 가까이 있는 물체 표면에 뭉쳐서 작은 물방울을 이루게 된다. 이렇게 공기 중의 수증기가 차가워진 물체 표면에 응결해 물방울로 맺혀 있는 것이 바로 이슬이다.

▲ 이슬

**중심 문장** 공기 중의 수증기가 차가워진 물체 표면에 응결해 ( )이 이슬이다.

### 어휘 뜻

*응결: 수증기가 한곳으로 엉겨 작은 물방울이 되는 과정.
*증발하다: 어떤 물질이 액체 상태에서 기체 상태로 변하다.
*한데: 같은 곳이나 하나로 정해진 곳.
*그을음: 어떤 것이 불에 탈 때 연기에 섞여 나오는 검은 가루.
*지표면: 지구의 표면. 또는 땅의 겉면.

# Day 15

**1** 빈칸에 알맞은 말을 넣어 이 글의 핵심어를 완성하세요.

( )의 공통점과 차이점

**2** 이 글의 짜임에 맞게 주요 내용을 정리하세요.

|  | 구름 | ( ) | 이슬 |
|---|---|---|---|
| 공통점 | • 공기 중의 수증기가 _____해 나타나는 현상임. | | |
| 차이점 | • _____에 작은 물방울이나 작은 얼음 알갱이로 무리 지어 떠 있음. | • _____에 작은 물방울로 떠 있음. | • _____에 물방울로 맺혀 있음. |

**3** 앞에서 정리한 내용을 바탕으로 이 글의 내용을 요약해 쓰세요.

구름, 안개, 이슬은 모두 _____이다. 하지만 구름은 높은 하늘에 작은 물방울이나 작은 얼음 알갱이로 무리 지어 떠 있는 것이고, 안개는 지표면 근처에 작은 물방울로 떠 있는 것이다. _____.

### 독해 정복!

**4** 구름, 안개, 이슬의 공통점으로 알맞은 것을 고르세요. ( )

① 만들어지는 위치가 같다.　　② 날씨가 흐린 날 볼 수 있다.
③ 수증기가 물방울로 변해 만들어진다.　　④ 우리 눈으로 관찰할 수 없는 현상이다.

**5** 구름에 대한 설명으로 알맞은 것을 모두 찾아 ○표 하세요.

(1) 지표면 근처에서 볼 수 있다. ( )
(2) 공기 중의 수증기가 응결해 나타나는 현상이다. ( )
(3) 수증기가 차가워진 물체 표면에 물방울로 맺힌 것이다. ( )
(4) 작은 물방울이나 얼음 알갱이 상태로 높은 하늘에 떠 있는 것이다. ( )

실과 11

## 자전거는 어떻게 이루어져 있을까?

1 자전거는 다른 탈것과는 달리, 타는 사람이 자기 힘으로 바퀴를 굴려야만 움직인다. 자전거를 타는 사람이 자전거의 구성 요소를 잘 알고 있어야 하는 이유도 바로 여기에 있다. 자전거를 구성하는 요소는 크게 프레임, 구동 장치, 조향 장치, 제동 장치로 나뉜다.

중심 문장 자전거를 구성하는 요소는 프레임, (　　　　　　　　　　　　　)로 나뉜다.

2 프레임은 자전거의 몸체를 이루는 부분이다. 타는 사람의 무게와 자전거가 달릴 때 받는 충격을 견디고 바퀴를 고정시켜야 하기 때문에 자전거의 프레임은 아주 튼튼해야 한다. 프레임은 튼튼한 재질인 금속관을 서로 이어서 삼각형 두 개로 이루어진 마름모 모양으로 만든다. 마름모의 네 꼭짓점은 핸들, 페달, 뒷바퀴, 안장 부분과 연결되어 있어 힘의 균형이 이루어지게 한다.

▲ 자전거 프레임의 구조

중심 문장 (　　　　　　　　)은 자전거의 몸체를 이루는 부분이다.

3 구동 장치는 자전거를 움직이게 하는 페달과 체인 부분을 말한다. 페달을 밟고 돌리면 그 힘이 연결된 체인을 통해 뒷바퀴로 전달되어 뒷바퀴가 회전한다. 페달과 체인이 없다면 뒷바퀴가 움직이지 않아 자전거가 이동하지 않는다.

중심 문장 구동 장치는 자전거를 움직이게 하는 (　　　　　　　　　　) 부분을 말한다.

4 조향 장치는 자전거의 방향을 조절하는 부분이다. 핸들이 이에 해당한다. 자전거 핸들을 좌우로 돌리면 앞바퀴의 방향이 바뀌어 자전거의 진행 방향을 조절할 수 있다.

중심 문장 조향 장치는 (　　　　　　　　　　　　)하는 핸들 부분이다.

5 제동 장치는 자전거 속도를 줄이거나 멈추게 하는 브레이크 부분을 말한다. 앞바퀴와 뒷바퀴에 각각 하나씩 달려 있는 브레이크는 안전 운전에 꼭 필요한 장치이다. 핸들에 붙어 있는 브레이크 레버를 당기면 브레이크가 바퀴의 가장자리에 달라붙어 마찰력이 생기면서 바퀴의 회전 속도가 줄어들어 멈추게 된다. 보통 오른쪽 브레이크 레버를 당기면 뒷바퀴의 브레이크가 작동하고, 왼쪽 브레이크 레버를 당기면 앞바퀴의 브레이크가 작동한다.

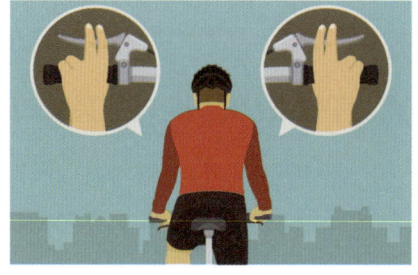
▲ 자전거 브레이크

중심 문장 제동 장치는 자전거 속도를 (　　　　　　　　　　　　) 부분을 말한다.

### 어휘 뜻

- *충격: 물체에 급격히 가하여지는 힘.
- *안장: 자전거에서 사람이 앉는 자리.
- *마찰력: 두 물체가 맞닿았을 때 생기는, 서로의 움직임을 방해하는 힘.

**1** 이 글의 핵심어를 찾고, 짜임에 맞게 주요 내용을 정리하세요.

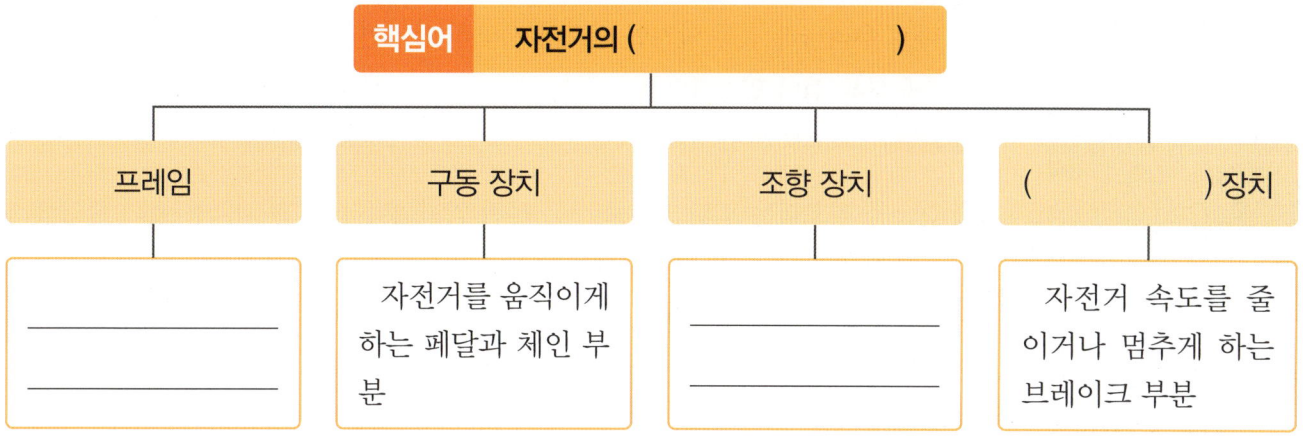

**2** 앞에서 정리한 내용을 바탕으로 이 글의 내용을 요약해 쓰세요.

자전거는 _____
_____, 자전거의 방향을 조절하는 핸들 부분인 조향 장치, 자전거 속도를 줄이거나 멈추게 하는 브레이크 부분인 제동 장치로 구성되어 있다.

### 독해 정복!

**3** ②~⑤문단의 중심 내용으로 알맞지 <u>않은</u> 것을 고르세요. ( )

① ②문단: 자전거 프레임의 구조
② ③문단: 자전거 구동 장치의 요소
③ ④문단: 자전거 핸들을 잡는 방법
④ ⑤문단: 자전거 브레이크의 작동 원리

**4** 자전거의 구성 요소에 대한 설명으로 알맞지 <u>않은</u> 것을 고르세요. ( )

① 바퀴의 회전 속도를 조절하는 장치는 브레이크이다.
② 핸들을 돌리면 앞바퀴가 움직여 자전거의 방향이 바뀐다.
③ 페달을 돌리면 그 힘이 앞바퀴로 전달되어 자전거가 움직인다.
④ 프레임의 각 꼭짓점은 핸들, 페달, 뒷바퀴, 안장 부분과 이어져 있다.

## 음악 12

# 단소와 리코더

1 우리나라에서 초등학교 때부터 음악 시간에 학습용으로 널리 사용하는 악기가 있습니다. 바로 우리나라 전통 악기인 단소와 서양식 악기인 리코더입니다. 단소와 리코더는 같은 점과 다른 점이 있습니다.

중심 문장 단소와 리코더는 (                              )이 있습니다.

2 단소와 리코더는 모두 세로로 부는 목관 악기입니다. 목관 악기는 관의 중간에 구멍이 여러 개 뚫려 있고 입을 대어 부는 구멍인 취구가 있는 악기입니다. 단소와 리코더도 취구에 숨을 분 상태에서 손가락으로 구멍을 열고 막으면서 다채로운\* 음을 만들어 냅니다.

중심 문장 단소와 리코더는 모두 (                              )입니다.

3 하지만 단소는 구멍의 개수가 5개이고, 리코더는 8개입니다. 두 악기는 뒷구멍이 1개씩 있습니다. 단소는 왼손으로 위의 세 구멍을 막고 오른손으로 아래의 두 구멍을 막습니다. 리코더는 왼손으로 위의 네 구멍을 막고 오른손으로 아래의 네 구멍을 막습니다.

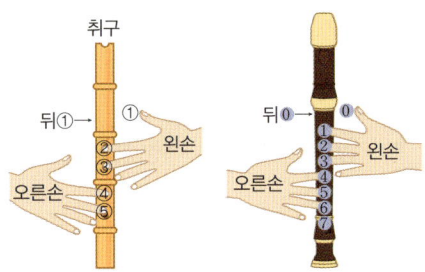
▲ 단소 운지법    ▲ 리코더 운지법

중심 문장 단소는 (                  )가 5개이고, 리코더는 8개입니다.

4 또 단소는 5음계를 쓰고, 리코더는 7음계를 씁니다. 단소는 전통 음악의 음계인 12율명 중에서 '솔, 라, 도, 레, 미'에 해당하는 '중, 임, 무, 황, 태' 5음을 기본음으로 씁니다. 반면 리코더는 서양 음악의 12음계 중에서 '도, 레, 미, 파, 솔, 라, 시' 7개의 음을 기본음으로 씁니다. 손가락으로 어떤 구멍을 열고 막는지에 따라 내는 음이 달라지므로 각 음의 운지법\*을 정확하게 익혀야 합니다.

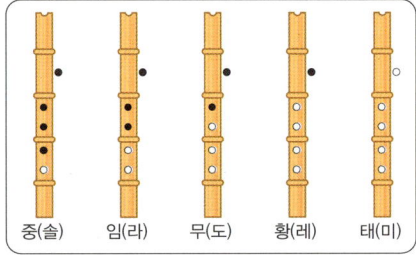
▲ 단소 5음계 (○열기 ●닫기)

중심 문장 단소는 (              )를 쓰고, 리코더는 (              )를 씁니다.

5 끝으로, 단소는 리코더보다 소리를 내는 것이 어렵습니다. 단소는 취구에 숨을 불어 넣었을 때 숨이 두 갈래로 나누어져서 일부는 외부로 빠져나가고, 일부는 안쪽으로 들어가 공명\*을 일으켜 소리가 만들어집니다. 너무 세게 불거나 약하게 불면 소리가 잘 나지 않기 때문에 배우기가 까다로운 편입니다. 단소에 비해 리코더는 여린 숨에도 소리가 잘 나서 배우기가 어렵지 않습니다.

중심 문장 단소는 리코더보다 (                              ).

---

**어휘 뜻**

\***다채롭다**: 여러 가지 색, 종류, 모양이 어울려 다양하고 화려하다.

\***운지법**: 악기를 연주할 때에 손가락을 쓰는 방법.

\***공명**: 물체가 외부로부터의 파동에 자극되어 큰 진폭으로 진동하는 현상.

**Day 17**

**1** 빈칸에 알맞은 말을 넣어 이 글의 핵심어를 완성하세요.

( )의 같은 점과 다른 점

**2** 이 글의 짜임에 맞게 주요 내용을 정리하세요.

**단소**
- _____.
- 구멍의 개수가 5개이고, 5음계를 씀.
- _____ 배우기가 까다로움.

**리코더**
- 서양식 악기임.
- _____ _____.
- 소리가 잘 나서 배우기가 어렵지 않음.

공통: 세로로 부는 목관 악기임.

**3** 앞에서 정리한 내용을 바탕으로 이 글의 내용을 요약해 쓰세요.

단소와 리코더는 _____이/가 같습니다. 하지만 우리나라 전통 악기인 단소는 구멍의 개수가 5개이고 5음계를 쓰는 반면, _____ _____이/가 다릅니다. 그리고 _____ _____ 반면에 리코더는 소리가 잘 나서 배우기가 어렵지 않다는 점도 다릅니다.

▲ 독해 정복!

**4** ②~⑤문단 중 단소와 리코더의 다른 점을 설명한 문단의 번호를 쓰세요.

( )

**5** 이 글을 읽고 알 수 있는 사실로 알맞은 것을 찾아 ○표 하세요.

(1) 단소와 리코더는 가로로 부는 목관 악기이다. ( )
(2) 단소는 '도, 레, 미, 솔, 라' 다섯 개의 음을 기본음으로 쓴다. ( )
(3) 단소는 리코더보다 구멍의 개수가 많아서 소리를 내기가 어렵다. ( )

# 13

## 음식물의 몸속 여행

1 우리가 먹은 음식물 속 영양소가 우리 몸에 흡수되려면 소화라는 과정을 거쳐야 한다. 소화란 음식물 속의 영양소가 몸속에서 흡수될 수 있도록 잘게 분해하는 과정을 말한다. 우리가 먹은 음식물이 어떻게 소화되는지 그 과정을 살펴보자.

**중심 문장** 우리가 먹은 음식물의 (　　　　　)을 살펴보자.

2 음식물은 맨 먼저, 입으로 들어간다. 음식물이 입으로 들어가면 이로 잘게 부수고, 혀로 음식물을 잘 섞은 뒤 침으로 물러지게 한다. 입에서 나오는 침은 음식물 속의 탄수화물을 더욱 잘게 쪼개어 흡수되기 쉬운 상태로 만들어 준다.

**중심 문장** 맨 먼저 음식물이 입으로 들어가면 (　　　　　　　　　), 혀로 잘 섞은 뒤 침으로 물러지게 한다.

3 두 번째로, 입에서 삼킨 음식물은 식도를 따라 위로 내려간다. 식도는 입과 위를 연결하는 소화 기관으로, 음식물이 지나가는 통로이다. 길이가 약 25센티미터인 식도는 오므라들었다 펴지는 운동을 반복하면서 음식물을 조금씩 위로 내려보낸다.

**중심 문장** 두 번째로, 입에서 삼킨 음식물은 (　　　　　　　　　　).

4 세 번째로, 식도를 통해 넘어온 음식물은 위에서 더 잘게 분해된다. 주머니 모양으로 생긴 위는 소화를 돕는 액체인 위액을 분비하여 위에 들어온 음식물과 섞어 소화하기 쉬운 죽 상태로 만든다. 강력한 산성을 띠는 위액은 음식물에 들어 있는 단백질의 소화를 돕는다.

**중심 문장** 세 번째로, 음식물은 위에서 더 잘게 (　　　　　).

5 네 번째로, 위에서 내보낸 음식물은 작은창자에서 더 잘게 분해되고 영양소가 흡수된다. 작은창자는 우리 몸에서 가장 긴 소화 기관으로, 길이가 무려 6~7미터나 된다. 주름이 많고, 주름의 안쪽 벽에 '융털'이라는 작은 *돌기가 무수히 나 있다. 이 같은 독특한 구조 덕분에 음식물 속의 영양소는 작은창자에서 대부분 흡수된다.

**중심 문장** 네 번째로, 음식물은 작은창자에서 더 잘게 분해되고 (　　　　　　　　).

6 마지막으로, 작은창자에서 음식물 찌꺼기가 넘어오면 큰창자에서 물을 흡수한다. 작은창자보다 굵고 짧게 생긴 큰창자는 작은창자에서 미처 흡수하지 못한 물을 흡수하고, 소화되지 않은 음식물 찌꺼기를 항문으로 내보낸다. 이 음식물 찌꺼기는 단단한 똥이 되어 큰창자와 바로 연결된 항문을 통해 몸 밖으로 *배출된다.

**중심 문장** 마지막으로, 큰창자에서 (　　　　　)하고, 소화되지 않은 음식물 찌꺼기를 항문으로 내보낸다.

▲ 사람의 소화 기관 구조

### 어휘 뜻

*돌기: 피부나 사물의 표면에 볼록하게 튀어나온 부분.

*배출되다: 동물이 섭취한 음식물이 소화되어 항문으로 내보내지다.

# Day 18

**1** 이 글의 핵심어를 찾고, 짜임에 맞게 주요 내용을 정리하세요.

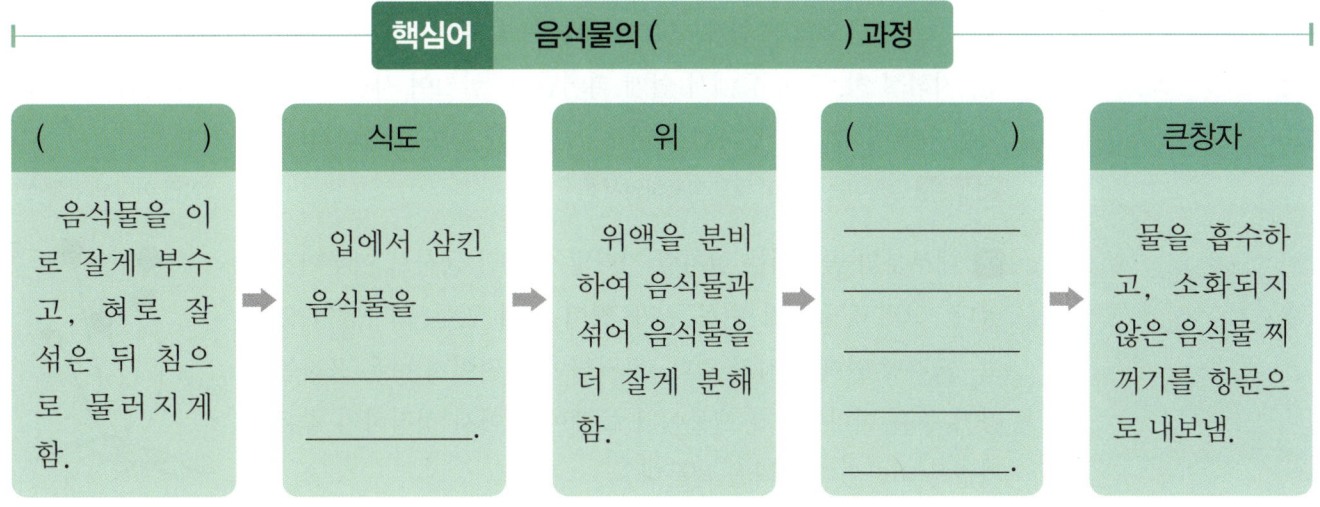

| ( ) | 식도 | 위 | ( ) | 큰창자 |
|---|---|---|---|---|
| 음식물을 이로 잘게 부수고, 혀로 잘 섞은 뒤 침으로 물러지게 함. | 입에서 삼킨 음식물을 _____. | 위액을 분비하여 음식물과 섞어 음식물을 더 잘게 분해함. | _____ | 물을 흡수하고, 소화되지 않은 음식물 찌꺼기를 항문으로 내보냄. |

**2** 앞에서 정리한 내용을 바탕으로 이 글의 내용을 요약해 쓰세요.

우리가 먹은 음식물은 _____의 순서대로 이동하면서 소화되고, 소화되지 않은 음식물 찌꺼기는 항문을 통해 몸 밖으로 배출된다.

 독해 정복!

**3** 음식물이 소화되는 과정을 나타낸 것입니다. ㉠과 ㉡에 들어갈 소화 기관을 쓰세요.

입 → ( ㉠ ) → 위 → ( ㉡ ) → 큰창자 → 항문

(1) ㉠: (　　　　　)　　　　(2) ㉡: (　　　　　)

**4** 소화 기관에 대한 설명으로 알맞지 <u>않은</u> 것을 고르세요. (　　　)

① 위에서는 강한 산성의 위액이 나온다.
② 혀는 음식물과 침을 골고루 섞이게 한다.
③ 식도는 삼킨 음식물을 작은창자로 내려보낸다.
④ 작은창자 안에는 영양소를 흡수하는 융털이 나 있다.

## 과학 14

### ( )

**1** 무더운 여름철, 오래된 밥이나 빵에 곰팡이가 핀 것을 본 경험이 있을 것이다. 미생물 중에서 버섯, *효모와 함께 *균류에 속하는 곰팡이는 음식물뿐만 아니라 습도가 높은 화장실, 지하실 벽, 땅속 등에서 쉽게 피어난다. 심지어 사람 몸속에서도 자란다. 이처럼 곰팡이는 양분이 많고 따뜻하면서 어둡고 축축한 곳이면 어디서나 잘 산다.

[중심 문장] 곰팡이는 양분이 많고 따뜻하면서 (　　　　　　　　　　)이면 어디서나 잘 산다.

**2** 대부분의 곰팡이는 실처럼 기다랗게 생긴 균사로 이루어져 있다. 그리고 균사가 위로 길게 뻗어 나와 만든 포자낭이 있고, 포자낭 안에 포자가 있다. 포자낭에서 떨어져 나온 포자는 공기 중을 떠다니다가 생물이나 물체에 붙어서 성장하기 좋은 환경을 기다렸다가 싹을 틔운다.

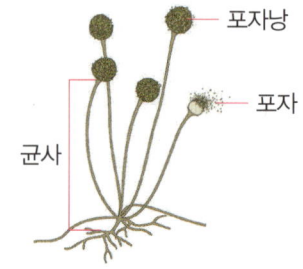

▲ 곰팡이의 구조

[중심 문장] 곰팡이는 (　　　　　)와 포자낭, 포자로 이루어져 있다.

**3** 그렇다면 우리 주변에서 흔하게 발견되는 곰팡이는 우리 생활에 어떤 부정적인 영향을 끼칠까? 곰팡이는 음식을 상하게 하여 곰팡이가 핀 음식을 먹게 되면 식중독을 일으킬 수 있다. 또한 공기 중에 떠다니는 검은곰팡이 포자는 심각한 *알레르기 반응과 호흡기 문제를 유발한다. 뿐만 아니라 곰팡이는 식물의 잎, 줄기, 열매 등을 *감염시키기도 한다.

[중심 문장] 곰팡이는 우리 생활에 (　　　　　　　　　)을 끼친다.

**4** 그러나 곰팡이는 우리 생활에 긍정적인 영향을 주기도 한다. 곰팡이는 우리가 즐겨 먹는 된장이나 김치, 치즈 등의 여러 가지 음식을 만드는 데 이용되고 있다. 또 죽은 생물이나 배설물을 분해하여 지구의 생태계가 순환하는 데에도 도움을 준다. 그리고 푸른곰팡이를 이용하여 페니실린이라는 *항생제를 만들어 세균 감염을 치료할 수 있다. 지금은 페니실린에서 한 걸음 더 나아가 곰팡이를 이용한 여러 종류의 의약품을 개발하고 있다.

▲ 오렌지에 핀 푸른곰팡이

[중심 문장] 곰팡이는 우리 생활에 (　　　　　　　　　)을 주기도 한다.

**5** 이처럼 곰팡이는 인간과 생물에 피해를 주기도 하지만 자연과 인간의 생명 활동에 꼭 필요한 역할을 하고 있다. 이것이 곰팡이가 지구상에 존재해야 할 이유이다. 오랫동안 인간과 더불어 살아온 곰팡이는 앞으로도 오래 인간과 더불어 살아가야 할 것이다.

[중심 문장] 자연과 인간의 생명 활동에 꼭 필요한 역할을 하는 곰팡이는 앞으로도 오래 (　　　　　)과 더불어 살아가야 할 것이다.

---

**어휘 뜻**

- *효모: 술이나 빵을 만드는 데 쓰는 균.
- *균류: 광합성을 하지 않고 포자로 번식하는 하등 식물.
- *알레르기: 어떤 물질이 몸에 닿거나 몸속에 들어갔을 때 그것에 반응하여 생기는 불편하거나 아픈 증상.
- *감염시키다: 병균이 식물이나 동물의 몸 안으로 들어가 퍼지게 하다.
- *항생제: 다른 미생물이나 생물의 세포를 선택적으로 억제하거나 죽이는 약.

**1** 이 글의 핵심어를 찾고, 짜임에 맞게 주요 내용을 정리하세요.

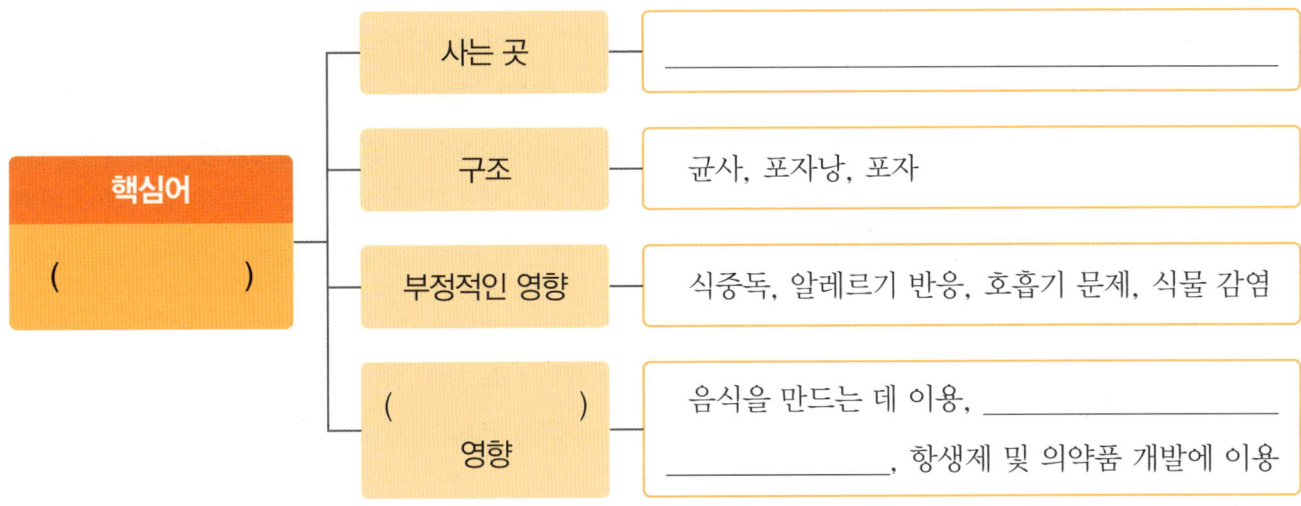

핵심어 ( )
- 사는 곳 — _____
- 구조 — 균사, 포자낭, 포자
- 부정적인 영향 — 식중독, 알레르기 반응, 호흡기 문제, 식물 감염
- ( ) 영향 — 음식을 만드는 데 이용, _____, 항생제 및 의약품 개발에 이용

**2** 앞에서 정리한 내용을 바탕으로 이 글의 내용을 요약해 쓰세요.

_____에서 사는 곰팡이는 _____(으)로 이루어져 있다. 곰팡이는 _____ _____. 반면에 음식을 만드는 데 이용되고 죽은 생물이나 배설물을 분해하며 항생제 및 의약품을 개발하는 데 이용되기도 한다.

 독해 정복!

**3** 글쓴이의 생각이 잘 드러난 이 글의 제목으로 알맞은 것을 고르세요. ( )

① 곰팡이의 세계
② 곰팡이란 무엇일까?
③ 지구상에서 없어져야 할 곰팡이
④ 인간과 더불어 살아가야 할 곰팡이

**4** 곰팡이에 대한 설명으로 알맞지 <u>않은</u> 것을 고르세요. ( )

① 푸른곰팡이를 이용해 항생제를 만든다.
② 햇빛이 잘 들고 건조한 곳에서 잘 자란다.
③ 죽은 생물이나 배설물을 분해하는 역할을 한다.
④ 다른 생물이나 물체에 붙어서 번식하는 균류의 일종이다.

# 15

## 패스트 패션에서 벗어나자

**1** 패스트(fast) 패션이란 최신 유행에 따라 싼 가격에 대량으로 생산하여 빠르게 시장에 내놓는 의류를 말한다. 패스트 패션은 최신 유행을 즉각 반영한 디자인과 비교적 저렴한 가격으로 소비자에게 큰 인기를 얻고 있다. 그러나 저렴하다는 이유로 많은 사람들이 옷을 자주 사고 쉽게 버려 과소비, 환경 오염, 생산 노동자들의 노동력 착취 등의 여러 가지 사회 문제를 낳고 있다. 이제는 패스트 패션에서 벗어나 지속 가능한 소비를 실천해야 한다.

[중심 문장] 이제는 패스트 패션에서 벗어나 (                              ).

**2** 패스트 패션에서 벗어나려면 무엇보다도 의류 소비를 줄여야 한다. 옷의 과소비를 줄이기 위해 가장 먼저 자신이 현재 가지고 있는 옷의 종류와 수량부터 정확히 파악하고, 입을 옷과 안 입을 옷, 버릴 옷을 구분한다. 그런 다음 필요한 옷이 어떤 것인지 꼼꼼히 확인하고 나서 구입한다.

[중심 문장] 패스트 패션에서 벗어나려면 (                              ).

**3** 패스트 패션의 가장 큰 문제점은 의류를 생산하고 폐기하는 과정에서 이산화 탄소와 다이옥신 등 각종 유해 물질이 발생하여 환경 오염을 일으킨다는 것이다. 패스트 패션에서 벗어나기 위해서는 올바르게 만들어진 옷을 찾는 노력이 필요하다. 옷을 사기 전에 어떤 기업이 어떤 재료를 이용하여 어떤 방식으로 옷을 만들었는지 인터넷에서 정보를 찾아본다. 또한 옷을 살 때 인증 마크가 있는지도 확인한다.

[중심 문장] 패스트 패션에서 벗어나기 위해서는 (                    )을 찾는 노력이 필요하다.

**4** 가지고 있는 옷을 재활용하거나 재사용하는 것도 패스트 패션에서 벗어나는 데 도움이 된다. 손상되어 못 입는 옷은 수선하여 입거나 다른 용도의 제품으로 만들어 재활용한다. 안 입는 옷은 믿을 만한 단체나 다른 사람들에게 기부하여 재사용하게 하는 것도 좋은 방법이다. 또한 벼룩시장이나 중고 시장에 다시 팔아서 의류 폐기물을 최소화시킨다.

[중심 문장] 가지고 있는 옷을 (                    )하는 것도 패스트 패션에서 벗어나는 데 도움이 된다.

**5** 전문가들은 2030년에는 전 세계 의류 업체들이 지금의 두 배가 되는 양의 옷을 생산할 것이라고 전망한다. 지구는 넘쳐나는 의류 쓰레기 때문에 몸살을 앓을 것이다. 지금부터라도 유행과 속도, 가격을 따르는 패스트 패션 대신, 오래 두고 입을 수 있는 지속 가능한 슬로(slow) 패션을 추구하자.

[중심 문장] 지금부터라도 오래 두고 입을 수 있는 지속 가능한 (                              ).

---

**어휘 뜻**

*저렴하다: 물건 등의 값이 싸다.

*과소비: 돈을 지나치게 많이 쓰거나 물건을 지나치게 많이 삼.

*폐기하다: 못 쓰게 된 것을 버리다.

*벼룩시장: 중고품을 싸게 사고파는 시장.

# Day 20

**1** 빈칸에 알맞은 말을 넣어 이 글의 핵심어를 완성하세요.

( )을/를 해결하는 방법

**2** 이 글의 짜임에 맞게 주요 내용을 정리하세요.

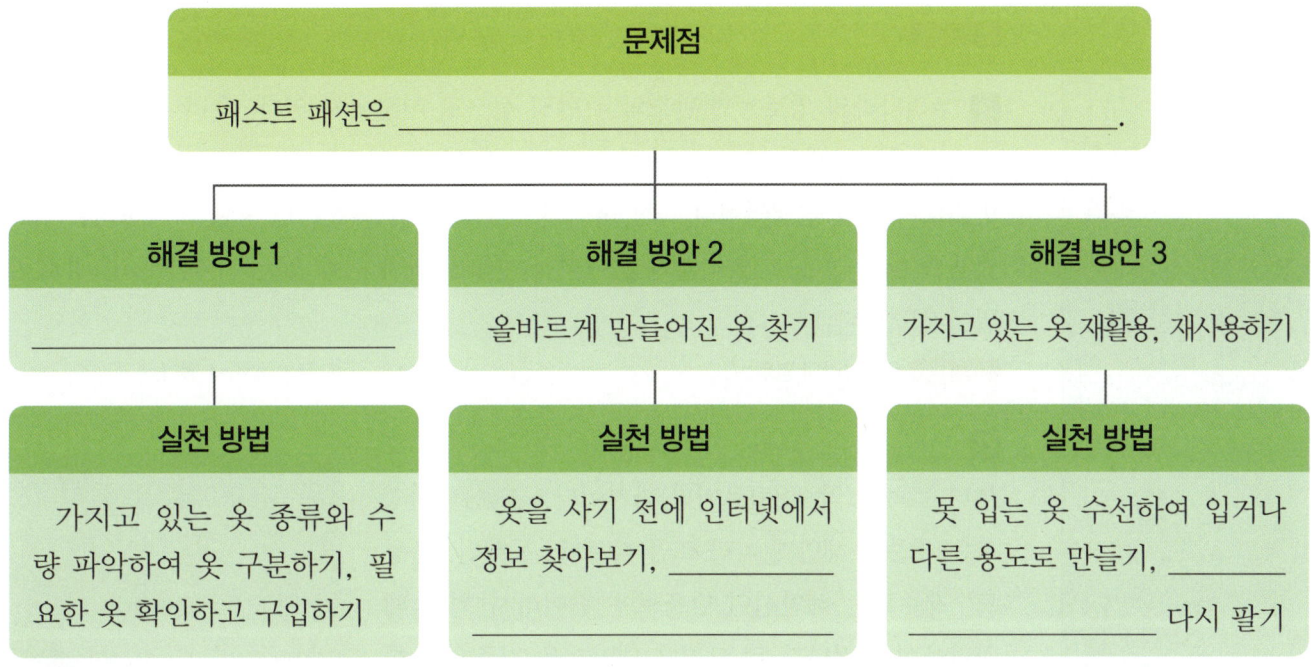

**문제점**
패스트 패션은 _____.

**해결 방안 1**
_____

**해결 방안 2**
올바르게 만들어진 옷 찾기

**해결 방안 3**
가지고 있는 옷 재활용, 재사용하기

**실천 방법**
가지고 있는 옷 종류와 수량 파악하여 옷 구분하기, 필요한 옷 확인하고 구입하기

**실천 방법**
옷을 사기 전에 인터넷에서 정보 찾아보기, _____ _____

**실천 방법**
못 입는 옷 수선하여 입거나 다른 용도로 만들기, _____ _____ 다시 팔기

**3** 앞에서 정리한 내용을 바탕으로 이 글의 내용을 요약해 쓰세요.

> 패스트 패션은 여러 가지 사회 문제를 낳고 있다. 패스트 패션의 문제를 해결하려면 의류 소비를 줄이고, _____ 위해 노력한다.
> _____.

 **독해 정복!**

**4** 이 글을 읽고 말한 내용이 알맞지 <u>않은</u> 친구를 고르세요. ( )

① 유리: 패스트 패션이 사라질 때까지 옷을 절대 사면 안 되는구나.
② 도연: 환경을 생각하는 회사가 만든 옷을 찾아보고 구입해야겠어.
③ 정석: 의류 쓰레기를 줄이려면 중고 옷을 사 입는 것도 좋을 것 같아.
④ 민재: 글쓴이는 패스트 패션 대신 슬로 패션을 추구하자고 주장하고 있어.

## 사회 16

# ( )

**1** 우리나라는 유라시아 대륙의 동쪽 끝에 위치해 있다. 북쪽은 중국과 러시아와 맞닿아 있고, 서쪽은 황해를 사이에 두고 중국과 마주하고 있다. 남쪽과 동쪽은 대한 해협과 동해를 사이에 두고 일본과 접해 있다. 이렇게 여러 나라로 둘러싸여 있는 우리나라의 영역은 어디까지일까? 우리나라의 주권이 미치는 영토, 영해, 영공에 대해 알아보자.

[중심 문장] ( ).

**2** 우리나라의 영토는 한반도와 주변의 섬으로 이루어져 있다. 우리나라는 남북으로 긴 땅과 약 3,400개의 크고 작은 섬을 포함하고 있다. 영토는 한 나라의 주권이 미치는 땅의 범위로서 국가의 영역에서 가장 핵심적인 부분이다. 예전처럼 땅을 차지하려는 목적으로 전쟁을 하는 경우는 많지 않지만 여전히 여러 나라가 접해 있는 지역을 두고 영토 분쟁을 벌이기도 한다.

[중심 문장] 우리나라의 영토는 ( )으로 이루어져 있다.

**3** 우리나라의 영해는 영해를 설정하는 기준선으로부터 12해리(약 22킬로미터)까지이다. 영해를 설정하는 기준은 해안에 따라 조금 다르다. 동해안, 울릉도, 제주도는 해안선이 단조로운 편이라서 썰물 때 바닷물이 빠져나간 뒤 드러난 해안선을 기준으로 한다. 서해안과 남해안은 해안선이 복잡하고 섬이 많아서 가장 바깥쪽에 위치한 섬들을 직선으로 그은 선을 기준으로 한다.

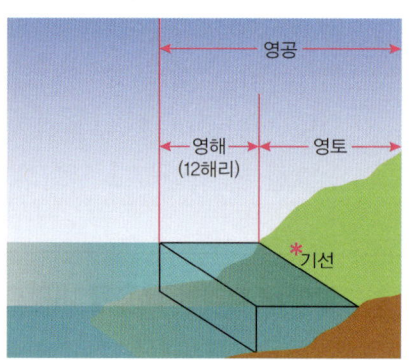

▲ 우리나라 영토, 영해, 영공의 범위

[중심 문장] 우리나라의 영해는 영해를 설정하는 기준선으로부터 ( )까지이다.

**4** 우리나라의 영공은 영토와 영해 위에 있는 하늘의 범위이다. 영토와 영해의 한계선에서 하늘을 향해 수직으로 가상의 선을 그어 영공의 범위를 한정한다. 보통 항공기가 통과하는 대기권까지가 영공에 해당한다. 오늘날은 항공 교통과 인공위성이 발달하고 국가 방위 등이 중요해지면서 영공에 대한 관심이 매우 높아졌다.

[중심 문장] 우리나라의 영공은 ( )의 범위이다.

**5** 국토의 영역은 한 나라의 주권이 미치는 공간적 범위로서 국민의 안전을 보호받을 수 있는 생활 터전이다. 국토가 없으면 국가나 국민도 존재할 수 없다. 따라서 우리는 국토의 영역을 이루는 영토, 영해, 영공을 소중히 가꾸고 잘 지켜야 한다.

[중심 문장] 우리는 ( )을 소중히 가꾸고 잘 지켜야 한다.

### 어휘 뜻

- **유라시아**: 유럽과 아시아를 아울러 이르는 이름.
- **대한 해협**: 우리나라와 일본의 규슈 사이에 있는 바다.
- **해리**: 바다에서 거리를 재는 단위로, 1해리는 1,852미터임.
- **기선**: 영해의 범위를 정하는 기준이 되는 선.
- **대기권**: 지구를 둘러싸고 있는 대기의 범위로, 지상 약 1,000킬로미터까지를 이름.
- **방위**: 적의 공격이나 침략을 막아서 지킴.

**1** 이 글의 핵심어를 찾고, 짜임에 맞게 주요 내용을 정리하세요.

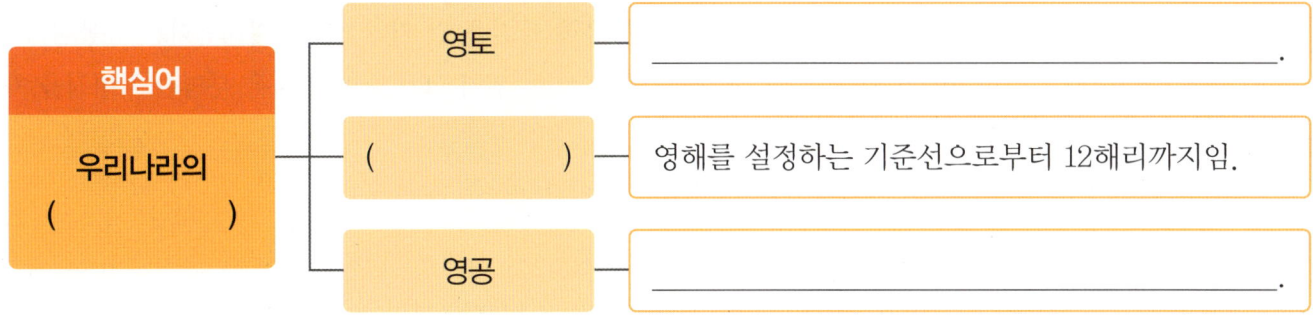

**2** 앞에서 정리한 내용을 바탕으로 이 글의 내용을 요약해 쓰세요.

우리나라의 영역은 _____(으)로 이루어진다. 영토는 한반도와 주변의 섬으로 이루어져 있고, 영해는 _____ 이다. 그리고 _____.

### 독해 정복!

**3** 이 글의 제목으로 알맞은 것을 고르세요. (　　)

① 우리 국토의 모습은 어떠한가?　② 어디까지가 우리나라 영역인가?
③ 우리나라 해안은 어떤 특징이 있나?　④ 우리나라 주변에는 어떤 나라가 있나?

**4** 우리나라의 영토, 영해, 영공에 대한 설명으로 알맞은 것을 고르세요. (　　)

① 대기권보다 높은 곳까지 영공으로 인정한다.
② 영토는 한반도와 주변에 있는 섬까지 해당한다.
③ 영공은 우리나라 영해 위에 있는 하늘만 해당한다.
④ 해안에 관계없이 해안선으로부터 12해리까지만 영해이다.

# 17

## 미세 먼지와 황사

**1** 미세 먼지와 황사를 같은 것으로 생각하는 사람들이 종종 있다. 미세 먼지와 황사는 모두 하늘을 뿌옇게 만들고 각종 유해 물질을 먼 거리까지 전파시킨다는 공통점이 있다. 하지만 발생 원인, 발생 시기, 주요 성분, \*입자 크기 등에서 둘은 분명한 차이점을 가지고 있다.

**+ 중심 문장** 미세 먼지와 황사는 공통점이 있지만 둘은 분명한 (                                        ).

**2** 미세 먼지와 황사는 발생 원인과 발생 시기부터 다르다. 미세 먼지는 주로 석유, 석탄, 천연가스 같은 화석 연료를 태울 때 나오는 오염 물질에 의해서 발생된다. 반면에 황사는 중국과 몽골의 사막 지역에서 발생한 흙먼지가 바람을 타고 멀리까지 날아가 떨어지는 자연 현상이다. 미세 먼지는 사계절 내내 대부분 사람이 만들어 내지만 황사는 주로 봄철에 자연적으로 발생한다.

**중심 문장** (                                                                                ).

**3** 미세 먼지와 황사는 주요 성분에도 차이가 있다. 미세 먼지 속에는 사람에게 해로운 황산염, 질산염, 일산화 탄소, 중금속 등이 많이 포함되어 있다. 이 같은 화합 물질이 우리 몸속으로 스며들면 호흡기 질환을 일으키고 심각할 경우 생명에 위협이 될 수 있다. 반면에 황사의 주요 성분에는 칼슘, 철분, 알루미늄, 마그네슘 등의 토양 성분이 포함되어 있다. 하지만 황사도 중국의 공장 지대를 지나면서 중금속이 섞이기 때문에 인체에 해를 끼친다.

**중심 문장** 미세 먼지와 황사는 (                ) 에도 차이가 있다.

**4** 미세 먼지와 황사는 입자 크기가 다르다. 먼지의 크기를 재는 단위는 마이크로미터(㎛)로, 1마이크로미터(㎛)는 1밀리미터(㎜)를 1,000등분한 크기이다. 미세 먼지의 입자 크기는 지름이 10마이크로미터(㎛) 이하로, 우리 눈에 보이지 않을 정도로 작은 먼지이다. 반면에 황사는 지름이 20마이크로미터(㎛) 이하의 모래 입자로 되어 있다. 황사보다 입자가 훨씬 작은 미세 먼지의 경우 호흡기를 통해 들이마시면 폐까지 깊숙이 \*침투하게 되어 매우 위험하다.

**중심 문장** 미세 먼지와 황사는 (                ) 가 다르다.

**5** 이처럼 미세 먼지와 황사는 발생 원인이나 시기, 주요 성분, 입자 크기는 달라도 모두 우리 몸에 악영향을 끼쳐 건강 이상을 발생시킬 수 있다. 따라서 미세 먼지 농도가 높고 황사가 심한 날에는 최대한 외출을 \*자제하는 것이 좋다.

**중심 문장** 미세 먼지 농도가 높고 황사가 심한 날에는 (                                    ).

---

**어휘 뜻**

\***입자**: 물질을 이루는 아주 작은 크기의 물체.

\***침투하다**: 세균이나 병균 등이 몸속에 들어오다.

\***자제하다**: 자신의 욕구나 감정을 스스로 억누르고 다스리다.

1  이 글의 핵심어를 쓰세요.

(                                    )

2  이 글의 짜임에 맞게 주요 내용을 정리하세요.

|  |  | (          ) | (          ) |
|---|---|---|---|
| 공통점 | | • 하늘을 뿌옇게 만들고 _____.<br>• 우리 몸에 악영향을 끼쳐 건강 이상을 발생시킬 수 있음. | |
| 차이점 | (          ) | • 화석 연료를 태울 때 나오는 오염 물질 | • 중국과 몽골의 사막 지역에서 발생한 흙먼지 |
| | 발생 시기 | • _____ | • 봄철 |
| | 주요 성분 | • 황산염, 질산염, 일산화 탄소, 중금속 등 사람에게 해로운 성분 | • _____ |
| | 입자 크기 | • 지름 10마이크로미터 이하의 작은 먼지 | • _____ |

3  앞에서 정리한 내용을 바탕으로 이 글의 내용을 요약해 쓰세요.

> 미세 먼지와 황사는 하늘을 뿌옇게 만들고 각종 유해 물질을 먼 거리까지 전파시켜 _____
> _____ 공통점이 있다. _____
> _____.

 독해 정복!

4  미세 먼지와 황사에 대한 설명으로 알맞지 <u>않은</u> 것을 찾아 ×표 하세요.

(1) 황사는 미세 먼지와 달리 자연적으로 발생한 현상이다. (        )

(2) 미세 먼지와 황사는 유해 물질을 전파시키는 공통점을 가지고 있다. (        )

(3) 황사는 미세 먼지보다 입자 크기가 훨씬 커서 인체에 더 큰 해를 끼친다. (        )

체육 18

## 청소년기에 놓쳐서는 안 되는 여가 활동

1 우리나라 대부분의 청소년들은 학교와 학원을 오가며 학업에 대한 스트레스를 안고 살아간다. 청소년기는 신체적, 사회적, 정서적 발달이 이루어지는 중요한 시기이다. 따라서 청소년기에는 균형적인 발달을 위해 적절한 여가 활동이 필요하다. 적절한 여가 활동은 청소년들의 성장에 긍정적인 영향을 미친다.

중심 문장 청소년기에는 균형적인 발달을 위해 적절한 (                    ).

2 청소년기에 여가 활동이 필요한 까닭은 무엇일까? 청소년들의 신체적 발달에 도움을 주기 때문이다. 축구, 농구, 인라인스케이팅 등 체육 시설에서 즐기는 여가 활동과 등산, 캠핑 등 자연 속에서 즐기는 여가 활동은 건강을 유지하는 데 큰 도움이 된다. 뿐만 아니라 체력을 향상시키고 비만 예방에도 도움을 줄 수 있다.

중심 문장 청소년기에 여가 활동이 필요한 까닭은 청소년들의 (            )에 도움을 주기 때문이다.

3 청소년기의 여가 활동은 청소년들에게 협동심, 배려심, 의사소통 방식 등의 사회적 기술을 배울 수 있는 기회를 제공해 주기 때문이다. 여가 활동은 여러 사람과 함께 하는 활동이 많다. 여러 사람들과 함께 하는 활동을 통해 다른 사람과 원만한 관계를 유지할 수 있는 다양한 기술을 자연스럽게 익힐 수 있다.

중심 문장 청소년기의 여가 활동은 청소년들에게 (                    )해 주기 때문이다.

4 청소년기의 여가 활동은 청소년들의 정신적 건강에도 도움을 주기 때문이다. 예를 들어 독서, 음악 감상, 영화 관람 같은 여가 활동은 스트레스를 풀어 주고 정서적 안정을 찾는 데 도움이 된다. 또한 여가 활동을 통해 자신의 재능을 발견하고 개발하는 과정에서 성취감과 자신감을 얻을 수 있다.

중심 문장 (                                              ).

5 청소년기의 여가 활동은 단순히 시간을 보내는 것이 아니다. 여가 활동을 통해 공부로 인한 스트레스를 풀면서 몸과 마음의 활력을 찾는 시간이다. 따라서 청소년들이 건강에 도움이 되고 보람을 느낄 수 있는 여가 활동을 할 수 있도록 학교, 가정, 지역 사회에서 환경을 만들어 주는 것이 필요하다.

중심 문장 청소년들이 여가 활동을 할 수 있도록 (            )에서 환경을 만들어 주는 것이 필요하다.

### 어휘 뜻

* **정서적**: 사람의 마음에 일어나는 여러 가지 감정과 관련된 것.
* **여가 활동**: 일이 없어 남는 시간에 하는 모든 활동.
* **원만하다**: 서로 사이가 좋다.
* **성취감**: 목적한 바를 이루었다는 느낌.
* **활력**: 살아 움직이는 힘.

1 빈칸에 알맞은 말을 넣어 이 글의 핵심어를 완성하세요.

청소년기에 필요한 (            )

**2** 이 글의 짜임에 맞게 주요 내용을 정리하세요.

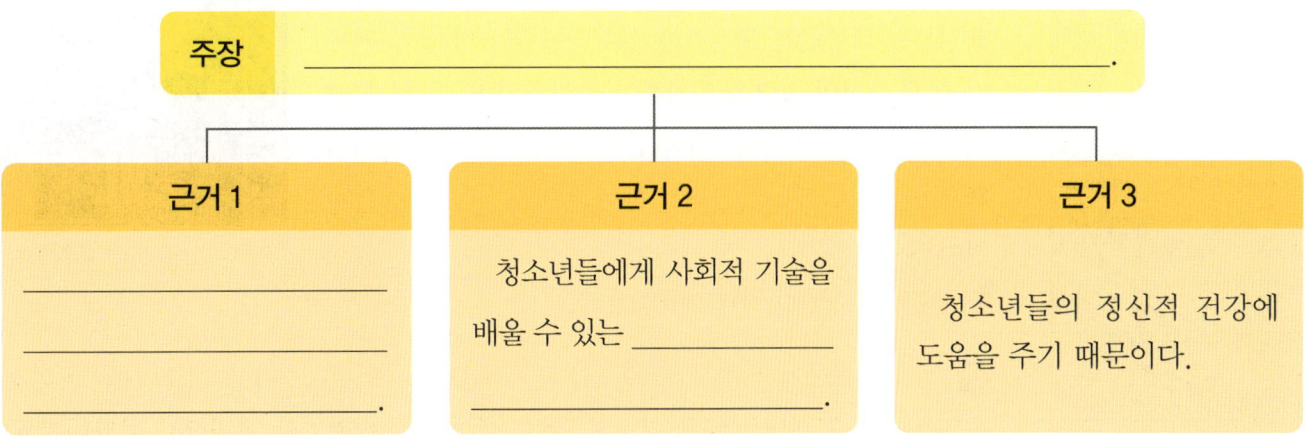

```
주장 _____.
  │
  ├── 근거 1
  │    _____
  │    _____.
  │
  ├── 근거 2
  │    청소년들에게 사회적 기술을
  │    배울 수 있는 _____
  │    _____.
  │
  └── 근거 3
       청소년들의 정신적 건강에
       도움을 주기 때문이다.
```

**3** 앞에서 정리한 내용을 바탕으로 이 글의 내용을 요약해 쓰세요.

_____. 왜냐하면 _____
_____, 청소년들에게 사회적 기술을 배울 수 있는 기회를 제공해 주며,
_____.

 **독해 정복!**

**4** 이 글에서 글쓴이가 주장에 대한 근거를 제시한 문단을 모두 찾아 ○표 하세요.

( **1**문단 , **2**문단 , **3**문단 , **4**문단 , **5**문단 )

**5** 글쓴이가 말한 뒷받침 내용으로 알맞지 <u>않은</u> 것을 찾아 기호를 쓰세요.

㉮ 여가 활동은 체력을 향상시키는 데 도움이 된다.
㉯ 여가 활동은 스트레스를 풀어 주는 데 도움이 된다.
㉰ 여가 활동을 통해 자신감과 성취감을 얻을 수 있다.
㉱ 여가 활동을 통해 다른 사람과 경쟁 관계를 유지하는 기술을 배울 수 있다.

(       )

## 과학 19

### 빠르기를 속력으로 나타낼 수 있다고?

1 어린이 보호 구역에는 달리고 있는 자동차의 속력이 표시되는 교통안전 표지판이 설치되어 있습니다. 운전자가 현재 자신의 속력을 *인지하고 속력을 줄일 수 있게 하려고 설치한 것입니다. 이와 같이 우리 주변에서 물체의 빠르기를 속력으로 나타내는 예에는 어떤 것들이 있는지 알아봅시다.

▲ 속력이 표시되는 교통안전 표지판

**중심 문장** 우리 주변에서 물체의 빠르기를 (                                    ).

2 일기 예보에서 바람의 빠르기를 속력으로 나타냅니다. *기상 캐스터는 "현재 바람의 속력은 초속 12미터(12m/s)입니다."와 같이 바람의 빠르기를 속력으로 나타내서 날씨 정보를 알려 줍니다. 바람의 속력이 초속 12미터라는 말은 바람이 1초 동안 12미터를 이동한다는 의미입니다. 바람의 빠르기를 속력으로 나타내면 바람의 세기를 알 수 있어 강풍으로 생기는 안전사고 예방에 도움이 됩니다.

**중심 문장** (                    )에서 바람의 빠르기를 속력으로 나타냅니다.

3 수영, 구기 종목, 육상, *빙상 경기 등의 운동 경기에서도 빠르기를 속력으로 나타냅니다. 예를 들어 야구나 배드민턴, 골프 같은 구기 종목에서는 공의 빠르기를 속력으로 표현합니다. "투수가 던진 야구공의 속력은 시속 145킬로미터(145km/h)입니다."와 같이 공의 속력을 나타낼 수 있습니다. 이 말은 야구공이 1시간 동안 145킬로미터를 이동한다는 의미입니다.

**중심 문장** (                    )에서도 빠르기를 속력으로 나타냅니다.

4 "기차의 속력은 시속 140킬로미터(140km/h)이고 버스의 속력은 시속 60킬로미터(60km/h)입니다." 또는 "어린이 보호 구역에서 자동차는 시속 30킬로미터(30km/h) 이내로 달려야 합니다."와 같은 표현을 일상생활에서 많이 사용합니다. 이처럼 기차, 버스, 자동차 등의 교통수단도 빠르기를 속력으로 나타냅니다.

**중심 문장** (                                            ).

5 또한 동물들이 움직일 때의 빠르기를 속력으로 나타냅니다. 동물마다 운동 기능과 특성이 다르기 때문에 동물들의 빠르기는 저마다 다릅니다. 육상 동물 중에서 가장 빠른 동물은 시속 120킬로미터(120km/h) 정도의 속력으로 달리는 치타입니다. 가장 빠른 새인 군함새는 시속 400킬로미터(400km/h) 정도의 속력을 낼 수 있다고 합니다. 동물들의 속력을 알면 빠르기가 어느 정도인지 쉽게 파악할 수 있습니다.

**중심 문장** 동물들이 (                            )를 속력으로 나타냅니다.

### 어휘 뜻

*인지하다: 어떤 사실을 확실히 그렇다고 여겨서 알다.

*기상 캐스터: 라디오나 텔레비전 프로그램에서 바람, 구름, 비 등 대기 중에서 일어나는 현상에 대해 해설하는 진행자.

*빙상 경기: 얼음판 위에서 하는 경기를 통틀어 이르는 말.

Day 24

**1** 이 글의 핵심어를 찾고, 짜임에 맞게 주요 내용을 정리하세요.

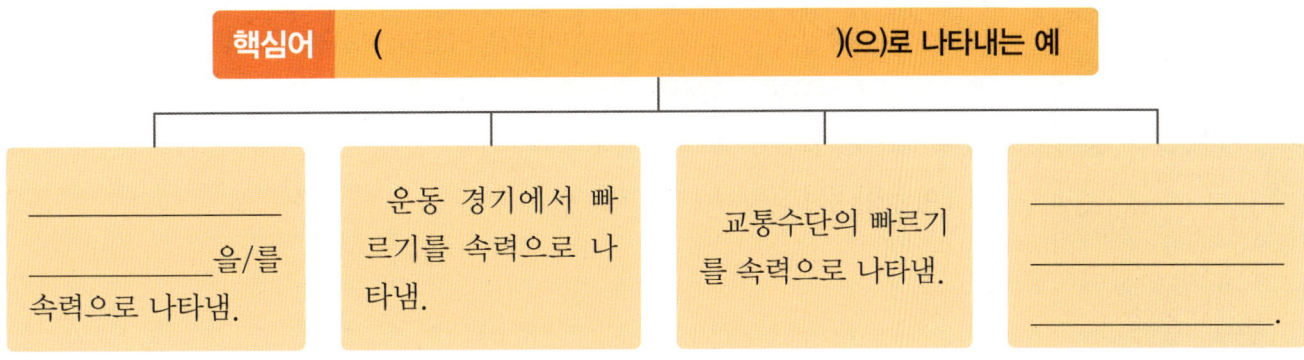

핵심어 ( )(으)로 나타내는 예

| _____을/를 속력으로 나타냄. | 운동 경기에서 빠르기를 속력으로 나타냄. | 교통수단의 빠르기를 속력으로 나타냄. | _____ _____ _____. |

**2** 앞에서 정리한 내용을 바탕으로 이 글의 내용을 요약해 쓰세요.

우리 주변에서 _____이/가 있습니다. 일기 예보에서 바람의 빠르기, _____
_____.

 독해 정복!

**3** 물체의 빠르기를 속력으로 나타내는 예로 알맞지 않은 것을 고르세요. ( )

① 치타가 달릴 때의 빠르기를 나타낸다.
② 일기 예보에서 바람의 빠르기를 나타낸다.
③ 배드민턴 경기에서 공의 빠르기를 나타낸다.
④ 물이 가열될 때 끓기까지 걸리는 시간의 빠르기를 나타낸다.

**4** 다음 내용을 바르게 이해하고 말한 친구를 모두 찾아 ○표 하세요.

> 투수가 던진 야구공의 빠르기: 145km/h

(1) 승윤: 야구공의 속력은 145km/h구나. ( )
(2) 효원: '시속 백사십오 킬로미터'라고 읽을 수 있어. ( )
(3) 민재: 야구공이 1초 동안에 145킬로미터를 이동했다는 뜻이야. ( )

3권 81

# 20

## 고령화 문제가 심각하다

**1** 국제 연합(UN)은 전체 인구 중 65세 이상 인구가 7퍼센트 이상일 경우 고령화 사회, 14퍼센트 이상일 경우 고령 사회, 20퍼센트 이상일 경우를 초고령 사회로 규정하였다. 통계청 자료에 따르면, 2024년 기준 우리나라 65세 이상 고령 인구는 약 990만 명으로 전체 인구의 19.2퍼센트를 차지하고 있다. 인구 고령화가 급속도로 진행되면서 노인 인구 비중이 높아지자 노동력 부족, 의료비 지출 증가, 노인 돌봄 문제 등 여러 가지 문제가 나타나고 있다. 고령화 문제를 해결하기 위한 방법에는 어떤 것들이 있는지 살펴보자.

**중심 문장** (                                                                                       ).

**2** 고령화 사회는 인구의 평균 연령이 높아지는 사회를 말한다. 이는 출산율이 감소하고 평균 수명이 늘어난 결과이다. 따라서 고령화 문제를 해결하려면 첫째, 정부가 출산율을 높이기 위한 다양한 정책을 펼쳐야 한다. 우리나라 평균 출산율은 2023년 기준 0.72명으로 경제 협력 개발 기구(OECD) 회원국 중에서 가장 낮은 것으로 나타났다. 출산율 증가를 위해 출산과 양육비 지원을 확대하고 아이의 돌봄 시설을 확충해야 한다. 또 부모의 출산 휴가를 적극 장려함으로써 출산과 육아에 대한 부담을 덜어 주어야 한다.

**중심 문장** 고령화 문제를 해결하려면 첫째, (                              )을 높이기 위한 다양한 정책을 펼쳐야 한다.

**3** 둘째, 고령화 사회에서 노인들이 경제 활동을 계속할 수 있는 환경을 마련해야 한다. 노인들의 능력과 건강 상태에 맞는 맞춤형 일자리를 꾸준히 개발하여 노인들이 부담 없이 일할 수 있는 일자리를 제공해 준다. 또한 노인들에게 최신 기술을 익힐 수 있는 교육의 기회를 확대한다. 더 나아가 정년 퇴직 나이를 연장하는 방법도 고려되어야 한다. 평균 수명이 늘어났기 때문에 경제 활동을 할 수 있는 나이도 늘려 주는 것이 필요하다.

**중심 문장** 둘째, 고령화 사회에서 노인들이 (                              )을 마련해야 한다.

**4** 셋째, 고령자들을 위한 의료 및 복지 서비스를 늘려야 한다. 고령화 사회에서 가장 큰 문제는 바로 노인들의 건강 문제와 돌봄 문제이다. 정기적인 수입 없이 살아가는 노인들에게 의료비는 큰 부담이 될 수밖에 없다. 의료비 지원과 복지 시설을 확충하여 노인들이 건강한 노후를 보낼 수 있도록 지원해 준다.

**중심 문장** 셋째, 고령자들을 위한 (                              )를 늘려야 한다.

---

**어휘 뜻**

*양육비: 아이를 기르는 데 드는 돈.
*정년: 직장에서 물러나도록 정해져 있는 나이.
*복지: 편안하고 행복하게 사는 삶.
*노후: 늙어진 뒤.

---

**1** 이 글의 핵심어를 쓰세요.

(                              )

**2** 이 글의 짜임에 맞게 주요 내용을 정리하세요.

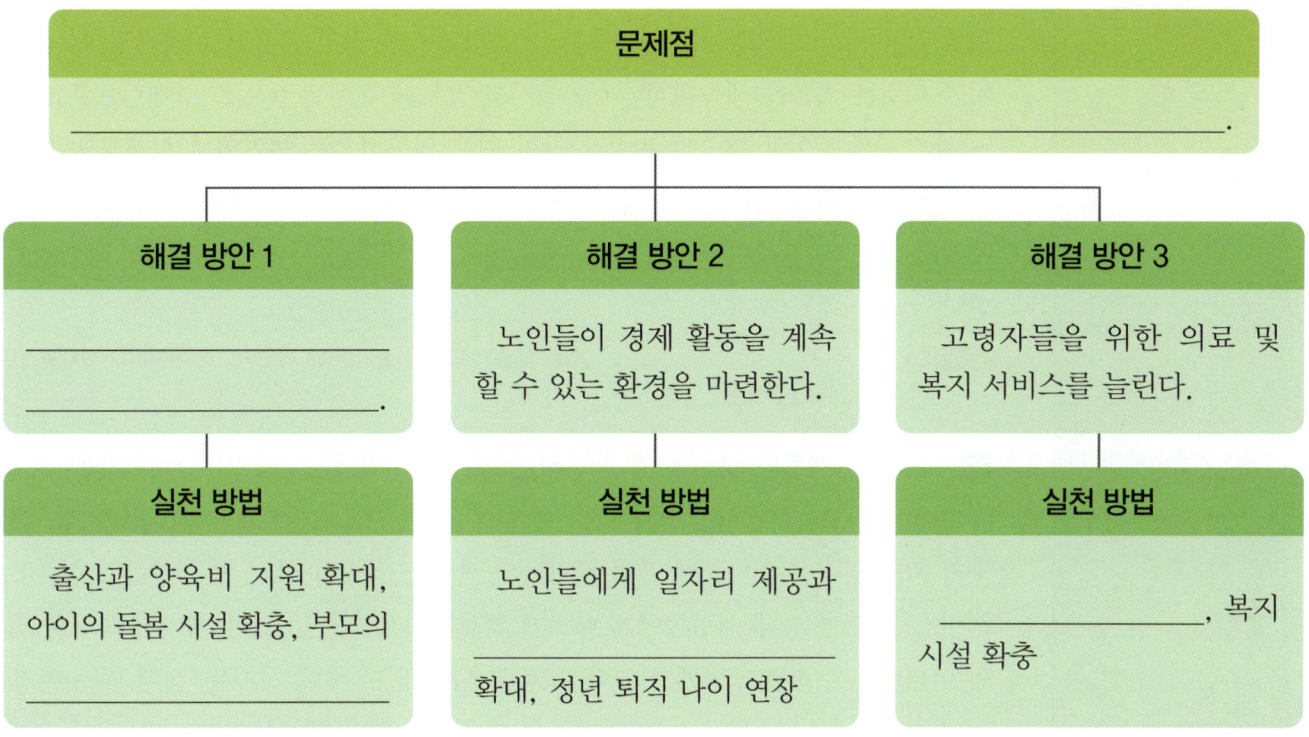

**3** 앞에서 정리한 내용을 바탕으로 이 글의 내용을 요약해 쓰세요.

```
_____.
고령화 문제를 해결하려면 정부가 출산율을 높이기 위한 다양한 정책을 펼치고, _____
_____
_____.
```

 독해 정복!

**4** 고령화 문제를 해결하기 위한 실천 방법으로 알맞지 <u>않은</u> 것을 고르세요. (　　　)

① 출산 지원을 줄인다.　　　　　　　　② 노인들에게 의료비를 지원한다.
③ 정년 퇴직 나이를 늘려 준다.　　　　④ 노인들에게 맞춤형 일자리를 제공한다.

# 21

## 양날의 검, 노이즈 마케팅

❶ 최근에 햄버거 프랜차이즈 ○○○은 홈페이지에 "4월 14일 △△ 판매를 40년 만에 종료합니다."라고 발표했다. 이 문구만 읽으면 △△를 팔지 않겠다는 뜻으로 해석된다. 하지만 이것은 △△를 새롭게 한 메뉴 출시를 앞두고 진행된 노이즈 마케팅으로 밝혀졌다. '노이즈 마케팅'이란 대중의 관심을 끌기 위해 의도적으로 논란이나 화제를 만드는 마케팅 전략을 뜻한다. 짧은 기간에 대중의 호기심을 불러일으켜 최대한 인지도를 높이려는 목적으로 영화, 텔레비전 프로그램, 제품 홍보 등 다양한 분야에서 노이즈 마케팅을 이용한다.

**중심 문장** (　　　　　　　　　　　　)이란 대중의 관심을 끌기 위해 의도적으로 논란이나 화제를 만드는 마케팅 전략을 뜻한다.

❷ 노이즈 마케팅의 장점은 잘 이용하면 짧은 기간에 높은 광고 효과를 얻을 수 있다는 것이다. 2020년에 햄버거 프랜차이즈 □□□□는 "7월 1일부로 버거 접습니다."라는 문구가 적힌 영상을 인터넷에 올려 사람들의 관심을 집중시켰다. 이 영상은 소셜 네트워크 서비스(SNS)를 통해 사람들에게 빠르게 확산되면서 □□□□가 햄버거 사업을 접는 것이 아니냐는 추측까지 낳게 하였다. 그러고 나서 얼마 후에 신메뉴 '접어 먹는 버거'가 출시되었다. □□□□는 노이즈 마케팅을 이용하여 일단 대중들의 관심을 끌어 신제품 홍보를 성공적으로 이끌 수 있었다.

**중심 문장** (　　　　　　　　　　　　　　　　　　　　　　　　　　　　　　).

❸ 반면에 노이즈 마케팅의 단점은 잘못 이용하면 사람들에게 부정적인 감정을 갖게 할 수 있다는 것이다. 2017년에 미국의 생활용품 회사 ◇◇는 소셜 미디어에 3초 분량의 제품 홍보 영상을 올린 적이 있다. 영상에는 비누 옆에 있던 한 흑인 여성이 어두운 색의 티셔츠를 벗는 순간 하얀색 티셔츠를 입은 백인 여성으로 변하는 모습이 담겨 있었다. 이 영상을 본 사람들이 인종 차별적인 표현이라며 비난을 쏟아 내자 회사는 서둘러 영상을 내리고 공식 사과문을 올렸다. ◇◇의 잘못된 노이즈 마케팅은 한순간에 대중들로부터 외면을 받고 기업 이미지까지 추락하는 결과를 가져왔다.

**중심 문장** (　　　　　　　　　　　　　　　　　　　　　　　　　　　　　　).

❹ 노이즈 마케팅은 양날의 검과 같다. 잘 이용하면 긍정적인 효과를 얻을 수 있지만 잘못 이용하면 더 큰 손해와 부작용을 불러올 수 있다. 따라서 노이즈 마케팅을 이용할 때는 자극적인 내용만 좇지 말고 관심을 끌면서도 긍정적인 이미지를 유지하는 것이 무엇보다 필요하다.

**중심 문장** 노이즈 마케팅을 이용할 때는 (　　　　　　　　　　　　　　) 것이 필요하다.

---

**어휘 뜻**

\***마케팅**: 상품을 소비자에게 알리고 많이 판매하기 위하여 생산자가 펼치는 전반적인 활동.

\***전략**: 정치, 경제 등의 사회적 활동을 하는 데 필요한 방법과 계획.

\***인지도**: 어떤 사람이나 물건을 알아보는 정도.

\***이미지**: 어떤 사람이나 사물로부터 받는 느낌.

1  이 글의 핵심어를 찾고, 짜임에 맞게 주요 내용을 정리하세요.

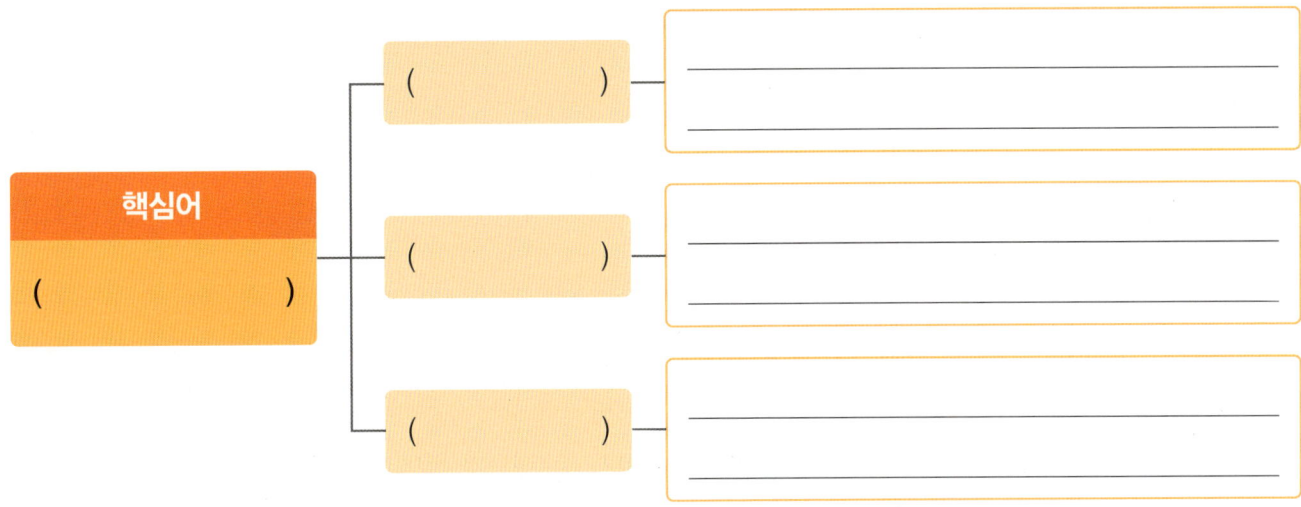

2  앞에서 정리한 내용을 바탕으로 이 글의 내용을 요약해 쓰세요.

3  노이즈 마케팅의 뜻을 설명한 문단을 고르세요. (      )

① 1문단    ② 2문단    ③ 3문단    ④ 4문단

4  이 글을 읽고 생각이나 느낌을 알맞게 말한 친구를 찾아 ○표 하세요.

(1) 주영: 글쓴이는 노이즈 마케팅을 해서는 안 된다고 생각하고 있어. (      )
(2) 형규: 노이즈 마케팅은 부정적인 인식을 심어 줄 수 있으니 신중하게 이용해야 해. (      )
(3) 효주: 노이즈 마케팅은 대중들의 관심을 오랜 기간 유지할 수 있어서 좋은 것 같아. (      )

## 테니스와 배드민턴

1 테니스는 프랑스에서 손바닥으로 공을 치고 받던 경기에서 시작되어 나중에 라켓이 개발되며 지금의 스포츠로 자리 잡았다. 배드민턴은 인도 푸나 지방의 전통 놀이가 변해서 생긴 경기이다. 테니스와 배드민턴은 코트의 중앙에 설치된 네트를 사이에 두고 라켓으로 공을 쳐서 승부를 겨룬다는 점이 같다.

중심 문장 테니스와 배드민턴은 (                            ) 승부를 겨룬다는 점이 같다.

2 그러나 테니스와 배드민턴은 여러 가지 면에서 다르다. 먼저, 테니스와 배드민턴은 코트 크기와 네트 높이가 차이가 있다. 테니스는 코트 길이가 23.77미터, 네트 중앙 높이가 0.914미터이다. 반면에, 배드민턴은 코트 길이가 13.4미터, 네트 중앙 높이가 1.524미터로 테니스보다 훨씬 높다. 테니스는 네트가 바닥부터 허리 높이 정도까지 오는 반면에 배드민턴은 네트가 바닥에서 떨어져 높은 곳에 위치해 있다.

중심 문장 (                              ).

3 테니스와 배드민턴은 공의 무게가 다르다. 고무 재질에 형광 노란색의 천을 씌워 만든 테니스공은 무게가 56~59그램 정도이다. 배드민턴은 공 모양의 둥근 코르크에 깃털을 돌려 붙여서 만든 셔틀콕이라는 공을 사용하는데, 그 무게는 4.75~5.50그램으로 아주 가볍다.

▲ 테니스

중심 문장 (                              ).

4 테니스와 배드민턴은 경기 규칙이 다르다. 테니스는 바닥에 한 번 닿은 공을 쳐서 상대 코트로 넘겨도 되지만 배드민턴은 상대 선수가 친 공이 바닥에 닿기 전에 상대 코트로 바로 넘겨야 한다.

▲ 배드민턴

중심 문장 테니스와 배드민턴은 (                  ).

5 끝으로, 테니스와 배드민턴은 경기 방식이 다르다. 테니스는 '포인트(4포인트) → 게임(6게임) → 세트(3세트) → 매치'의 순으로 득점을 하면 된다. 4포인트를 먼저 얻으면 1게임을 이기게 되고, 6게임을 먼저 얻으면 1세트를 이기게 되는 방식이다. 배드민턴은 각 세트에서 21점을 먼저 얻으면 1세트를 이기는 방식이다.

중심 문장 테니스와 배드민턴은 (                    ).

---

**어휘 뜻**

*코트: 테니스, 농구, 배구 등의 경기를 하는 곳.
*네트: 배구, 테니스, 탁구, 배드민턴 등에서 경기장의 중앙에 쳐서 양쪽 편을 구분하는 그물.
*재질: 재료가 가지는 성질.
*코르크: 코르크나무의 껍질 부분을 잘게 잘라 가공한 것으로 만든 마개.

**1** 이 글의 핵심어를 쓰세요.

( )

**2** 이 글의 짜임에 맞게 주요 내용을 정리하세요.

|  |  | ( ) | ( ) |
|---|---|---|---|
| 같은 점 | | | |
| 다른 점 | ( ) | | |
|  | ( ) | | |
|  | ( ) | | |
|  | ( ) | | |

**3** 앞에서 정리한 내용을 바탕으로 이 글의 내용을 요약해 쓰세요.

**4** 이 글의 내용을 바르게 이해하지 못한 친구를 고르세요. ( )

① 유영: 배드민턴공은 테니스공보다 가벼워.
② 예진: 테니스 코트가 배드민턴 코트보다 커.
③ 진구: 배드민턴은 인도의 전통 놀이에서 시작되었어.
④ 강호: 테니스는 공이 바닥에 닿기 전에 상대 코트로 바로 넘기면 안 돼.

## 해양 산성화의 위협

① 지구 온난화로 인해 대기 중에 증가된 이산화 탄소가 바다에 녹으면서 바닷물의 수소 이온 농도가 높아져 해양이 산성화가 되고 있다. 그로 인해 해양 생태계가 빠르게 파괴되고 있다. 특히 해양이 산성화가 되면 산호초, 조개, 새우 같이 몸의 *골격이 단단한 해양 생물들은 성장을 멈추게 된다.

▲ 산호초 백화 현상

산호초가 흰색으로 변하는 백화 현상이나, 조개껍데기가 얇아지고 깨지는 것 등이 모두 해양 산성화 때문이다. 어떻게 하면 해양 산성화를 줄일 수 있을지 방법을 알아보자.

중심 문장 (                                        )을 알아보자.

② 해양 산성화를 줄이려면 가장 먼저 온실가스 배출량을 줄여야 한다. 석탄, 석유 등의 화석 연료 사용을 줄이고 태양광, 수력, 풍력 등의 재생 에너지 사용을 늘리면 온실가스 배출량을 줄일 수 있다. 또 대기 중에 있는 이산화 탄소의 흡수를 위해 산림 보호에 힘쓴다.

중심 문장 (                                        ).

③ 해양 산성화를 줄이기 위해서는 해양 생태계 보호 및 *복원에 힘써야 한다. 해양 생태계를 보호하기 위해 해양 보호 구역을 정한다. 그리고 국민들에게 해양 생태계의 중요성을 홍보하는 활동도 지속적으로 한다. 또한 해양이 산성화가 된 환경에서도 생존하는 해양 생물들을 연구하여 피해를 입은 해양 생물들을 복원하는 데 활용한다.

중심 문장 (                                        ).

④ 해양 산성화는 전 세계가 겪고 있는 문제이다. 이를 해결하려면 국가 간의 협력을 강화하는 것도 필요하다. 각 국가들은 국제 해양 협력을 *체결하여 이를 지키도록 한다. 또 국가 간에 해양 산성화와 관련된 정보와 연구 자료를 공유한다.

중심 문장 해양 산성화 문제를 해결하려면 (                                        ).

⑤ 해양 산성화는 과거에 비해 훨씬 빠른 속도로 진행되고 있다. 이대로 방치하면 산호초, 조개류, 해조류 등은 멸종될 위기를 맞을 것이다. 해양 산성화가 해양 생태계는 물론 인간에게까지 위협이 될 수 있다는 것을 잊지 말자.

중심 문장 해양 산성화가 해양 생태계는 물론 인간에게까지 (                                        )을 잊지 말자.

**어휘 뜻**
* **골격**: 동물이나 사물의 몸을 이루는 뼈대.
* **복원**: 원래의 상태나 모습으로 돌아가게 함.
* **체결하다**: 계약이나 조약 등을 공식적으로 맺다.

**1** 이 글의 핵심어를 쓰세요.

(                    )

**2** 이 글의 짜임에 맞게 주요 내용을 정리하세요.

**3** 앞에서 정리한 내용을 바탕으로 이 글의 내용을 요약해 쓰세요.

 독해 정복!

**4** 글쓴이가 이 글을 쓴 까닭으로 알맞은 것을 찾아 ○표 하세요.

(1) 해양 산성화 과정을 차례대로 설명하기 위해서 (            )
(2) 해양 산성화 문제를 해결한 국가의 사례를 소개하기 위해서 (            )
(3) 산성과 알칼리성의 공통점과 차이점을 비교하여 알려 주기 위해서 (            )
(4) 해양 산성화의 심각성을 알리고 그에 대한 해결 방법을 설명하기 위해서 (            )

## 사회 24

## 팔만대장경은 어떻게 만들었을까?

1 팔만대장경은 오랜 세월이 지났는데도 나무판이 뒤틀리거나 훼손되지 않고 오늘날까지 원래의 모습을 잘 유지하고 있습니다. 팔만대장경이 잘 보존될 수 있었던 비법은 무엇일까요? 바로 팔만대장경을 제작하는 과정부터 우수했기 때문입니다.

**중심 문장** 팔만대장경이 잘 보존될 수 있었던 비법은 (　　　　　　　　　　　　)부터 우수했기 때문입니다.

2 팔만대장경을 만들기 위해 먼저, 나무를 베어 바닷물에 1~2년 정도 담가 놓았습니다. 나무는 30~50년씩 자란 산벚나무나 돌배나무를 비롯해 10여 종의 나무 중에서 굵기가 40센티미터 이상 되는 것을 베었습니다. 벤 나무를 바닷물에 담가 놓으면 나무 속에 있는 기름기가 빠져 목재가 휘어지거나 쉽게 쪼개지는 것을 방지할 수 있습니다.

**중심 문장** (　　　　　　　　　　　　　　　　　　　　　　　　　　　　　　　　).

3 두 번째 단계로 나무를 경판 크기로 잘라 소금물에 삶고 그늘에서 1년 정도 건조시켰습니다. 소금물에 삶으면 소금기가 목재 표면에 발라진 상태가 되어 말릴 때 갈라지거나 비틀어지는 것을 줄일 수 있습니다. 또한 목재가 썩거나 벌레가 갉아 먹는 것도 막을 수 있습니다.

**중심 문장** 두 번째 단계로 나무를 경판 크기로 잘라 (　　　　　　　　　) 그늘에서 1년 동안 건조시켰습니다.

4 세 번째 단계로 한지에 글자를 써서 다듬은 경판 위에 붙이고 글자를 새겼습니다. 경판에 새길 글자는 글을 잘 쓰는 \*문인이나 \*관료들이 썼습니다. 종이 한 장에는 1줄에 14자씩 23줄이 들어가게 쓰고, 전부 통일된 \*필체로 썼습니다. 그리고 그 원고를 경판 위에 뒤집어 붙이고 조각 실력이 뛰어난 전국의 기술자들이 모두 동원되어 글자를 새겼습니다.

**중심 문장** 세 번째 단계로 한지에 글자를 써서 다듬은 경판 위에 붙이고 (　　　　　　　　　　).

5 네 번째 단계로 글자를 새긴 경판을 종이에 찍어 내어 원고와 대조했습니다. 경판에 먹물을 묻혀 종이에 찍어 내어 글자가 제대로 새겨졌는지 일일이 확인했습니다. 잘못된 글자가 있는 경우에는 그 부분을 제거하고 다른 나무에 새긴 것으로 채워 넣었습니다.

**중심 문장** (　　　　　　　　　　　　　　　　　　　　　　　　　　　　　　　　).

6 마지막 단계로 경판의 양쪽에 두꺼운 \*각목을 붙이고 네 귀퉁이를 구리판으로 장식했습니다. 그런 뒤에 경판에 옻칠을 했습니다. 경판에 두꺼운 각목을 붙이면 경판이 뒤틀리는 것을 막을 수 있고, 옻칠을 하면 표면이 상하지 않게 오랜 기간 보관할 수 있습니다.

**중심 문장** 마지막 단계로 경판의 양쪽에 각목을 붙이고 네 귀퉁이를 (　　　　　　　　　)한 뒤에 옻칠을 했습니다.

▲ 팔만대장경

### 어휘 뜻

- \***문인**: 옛날에 학문을 익혀 관직에 오른 사람.
- \***관료**: 정치에 영향력이 있는 고급 관리.
- \***필체**: 글씨를 써 놓은 모양.
- \***각목**: 모서리를 모가 나게 깎은 나무.

Day 29

**1** 이 글의 핵심어를 찾고, 짜임에 맞게 주요 내용을 정리하세요.

핵심어 (                                    )

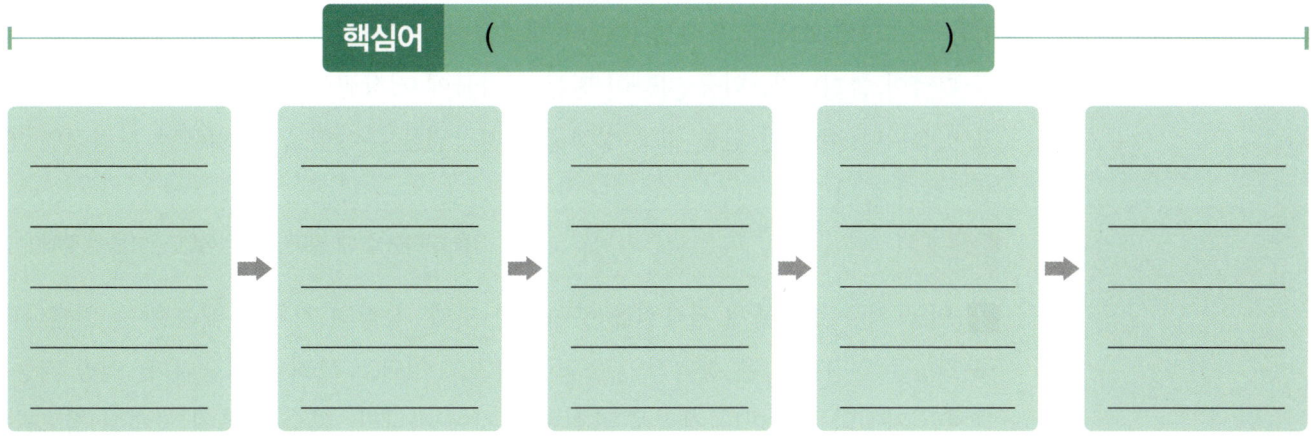

**2** 앞에서 정리한 내용을 바탕으로 이 글의 내용을 요약해 쓰세요.

 독해 정복!

**3** 팔만대장경의 제작 과정에 맞게 차례대로 번호를 쓰세요.

(1) 원고를 경판 위에 붙이고 글자를 새겼다. (          )

(2) 경판의 양쪽에 두꺼운 각목을 붙이고 옻칠을 하였다. (          )

(3) 경판을 종이에 찍어 글자가 잘 새겨졌는지 확인하였다. (          )

(4) 바닷물에 담가 두었던 나무를 경판 크기로 잘라 소금물에 삶고 건조시켰다. (          )

**4** 팔만대장경의 나무판을 상하지 않고 오랫동안 잘 보존하기 위해 한 방법이 <u>아닌</u> 것을 고르세요. (          )

① 나무판을 소금물에 삶았다.   ② 나무를 바닷물에 담가 놓았다.
③ 글을 새긴 경판에 옻칠을 하였다.   ④ 문인들에게 경판에 새길 글자를 쓰게 하였다.

**도덕 25**

## 인공 지능은 저작권자가 될 수 없다

**1** 2022년 미국의 한 미술전에서 1위를 수상한 작품이 '미드저니'라는 인공 지능(AI)을 이용하여 그린 것이라고 해서 논란이 되었습니다. 최근 인공 지능이 예술과 창작 영역에서 활약이 늘어나자, 인공 지능이 만든 창작물에 저작권을 부여해야 한다는 주장이 나오고 있습니다. 하지만 인공 지능 창작물에 저작권을 부여했을 때 일어날 부정적인 영향을 생각해야 합니다.

중심 문장 ( )을 부여했을 때 일어날 부정적인 영향을 생각해야 합니다.

**2** 인공 지능 창작물에 저작권을 부여하면 첫째, 창작의 가치가 훼손될 수 있습니다. 인공 지능은 인간과 같은 창의적인 능력을 가지고 있다고 보기 어렵습니다. 인공 지능은 인간처럼 자신의 생각이나 감정을 표현하는 것이 아니라, 학습을 통해 입력된 정보를 이용한 기술만을 표현하고 있을 뿐입니다. 이 과정에서 인간의 창작물을 침해할 위험이 있습니다.

중심 문장 ( ).

**3** 둘째, 저작권 문제가 발생했을 때 책임을 질 대상이 명확하지 않습니다. 인공 지능은 자신의 창작물에 대한 법적 책임을 질 수 없는 도구에 불과합니다. 그런 인공 지능이 만든 창작물에 저작권을 부여한다면 누가 그 권리를 행사하고 책임을 져야 할까요? 인공 지능 창작물에 저작권 문제가 발생할 경우, 인공 지능 개발자나 이용자 중에서 그 어느 누구도 책임을 지려고 하지 않을 것입니다. 책임을 물을 수 있는 대상이 불분명하기 때문에 법적으로 혼란이 생길 수밖에 없습니다.

중심 문장 둘째, ( ).

**4** 셋째, 문화의 다양성과 독창성이 감소할 위험이 있습니다. 인공 지능은 인간이 만들어 놓은 자료를 바탕으로 창작물을 만들어 내기 때문에 독창성이 떨어집니다. 이런 창작물에 저작권을 부여한다면 인간들의 창작 의욕은 떨어질 수밖에 없습니다. 이는 문화적 다양성을 감소시키는 결과를 가져옵니다.

중심 문장 셋째, ( ).

**5** 미래에는 인공 지능 기술이 더 발달하여 인공 지능이 생성하는 창작물의 종류는 더 많아질 것입니다. 생성형 인공 지능의 편리함 때문에 창작자인 인간이 피해를 보는 일은 없어야 합니다. 따라서 인공 지능 창작물에 저작권을 부여해서는 안 됩니다.

중심 문장 ( ).

---

**어휘 뜻**

- **부여하다**: 사물이나 일에 가치, 권리, 의미, 임무 등을 지니게 하다.
- **훼손되다**: 체면이나 명예 등이 상하게 되다.
- **침해하다**: 침범하여 해를 끼치다.
- **행사하다**: 부려서 쓰다.
- **의욕**: 무엇을 하고자 하는 적극적인 마음이나 욕망.

**1** 이 글의 핵심어를 쓰세요.

( )

**2** 이 글의 짜임에 맞게 주요 내용을 정리하세요.

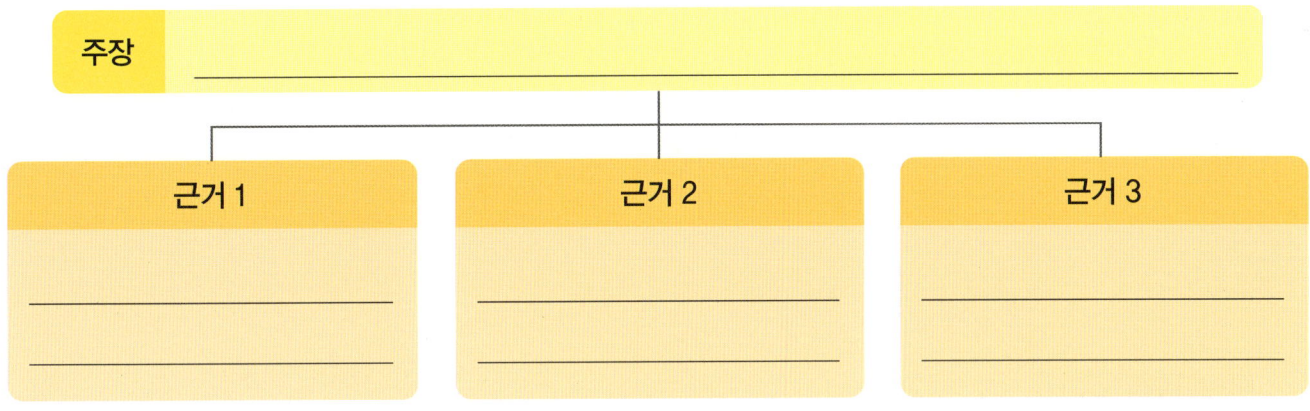

| 주장 | |
|---|---|
| 근거 1 | 근거 2 | 근거 3 |

**3** 앞에서 정리한 내용을 바탕으로 이 글의 내용을 요약해 쓰세요.

 독해 정복!

**4** 글쓴이와 같은 입장에서 생각이나 의견을 말한 친구를 찾아 이름을 쓰세요.

> 지우: 인공 지능을 저작권자로 인정하면 저작권 체계가 더욱 복잡해지고 저작권 관리를 하는 비용도 많이 들어.
> 수정: 인공 지능을 이용하여 창작 활동을 하면 더 많은 사람이 인공 지능 분야에 뛰어들어 예술 분야가 더 발전하게 돼.
> 예슬: 인공 지능이 만든 창작물이 인간의 마음을 감동시킨다면 인간이 만든 창작물과 동일한 가치를 지닌 것으로 봐야 해.

( )

## 이미지 출처

**16쪽 충무김밥**
본 저작물은 공공누리 제1유형에 따라 부산광역시(www.busan.go.kr)의 공공저작물을 이용하였습니다.

**19쪽 오늘의 동물 양서파충류 편**
본 저작물은 공공누리 제1유형에 따라 국립생태원(www.nie.re.kr)의 공공저작물을 이용하였습니다.

**26쪽 훈민정음 해례본**
본 저작물은 공공누리 제1유형에 따라 한국학중앙연구원(www.aks.ac.kr)의 공공저작물을 이용하였습니다.

**28쪽 국보제18호_영주 부석사 무량수전**
본 저작물은 공공누리 제1유형에 따라 국가유산청(www.khs.go.kr)의 공공저작물을 이용하였습니다.

**28쪽 보물제1403호_영주 소수서원 강학당**
본 저작물은 공공누리 제1유형에 따라 국가유산청(www.khs.go.kr)의 공공저작물을 이용하였습니다.

그 외의 이미지는 셔터스톡 코리아에 사용료를 지불하고 실었습니다.

## 일러두기

*맞춤법과 띄어쓰기는 국립국어원의 표준국어대사전을 기준으로 삼되, 초등학교 교과서의 표기를 참고했습니다.
*외국의 인명과 지명은 국립국어원의 외래어 표기법을 기준으로 삼되, 이미 굳어진 외래어는 관용적인 표기를 따랐습니다.

# 요약독해의 힘

정답 및 해설

3권

# 기본

## Day 01    12~17쪽

**12~13쪽**

❶ 해파리  ❷ 일상생활  ❸ 단열  ❹ 미세 플라스틱  ❺ 인체  ❻ 해안  ❼ 특징

**14~15쪽**

1  1 ③  2 ③  3 ③  4 ②

2  1 거중기  2 ㉾ 테트리스  3 편견과 차별  4 정보화의 이점

[도움말] 1 거중기가 무엇이고 어떤 원리로 움직이는지 등을 설명하고 있으므로 이 글의 핵심어는 '거중기'입니다.

3 편견과 차별이 무엇인지 설명하고 있으므로 이 글의 핵심어는 '편견과 차별'입니다.

4 정보화의 이점 두 가지를 설명하고 있으므로 이 글의 핵심어는 '정보화의 이점'입니다.

**16~17쪽**

3  1 ③  2 ③  3 ②

[도움말] 1 아교를 섞어 물감을 만드는 방법, 식물에서 염료를 채취하는 방법 등 옛날에 물감을 어떻게 만들어 썼는지 설명하고 있으므로 '옛날에 물감을 만든 방법'이 핵심어입니다.

3 충무김밥이 왜 충무김밥인지에 대해서 설명하고 있으므로 이 글의 핵심어는 '충무김밥의 유래'입니다.

4  1 좋은 점  2 전설  3 ㉾ 방법(순서)

[도움말] 1 삼각형 모양으로 건축물을 지으면 건축물을 튼튼하고 안정적으로 지을 수 있다는 설명을 하고 있으므로 '삼각형 모양으로 건축물을 지으면 좋은 점'이 핵심어입니다.

2 강원도에 있는 울산바위가 왜 울산바위인지에 대한 전설을 알려 주는 글로, 이 글의 핵심어는 '울산바위에 전해 내려오는 전설'입니다.

3 식물을 가꾸는 방법에 대해서 순서대로 설명하고 있으므로 이 글의 핵심어는 '식물을 가꾸는 방법(순서)'입니다.

## Day 02    18~23쪽

**18~19쪽**

❶ 민속춤에는 어떤 특징이 있는지 알아봅시다  ❷ 민속춤은 단순한 동작을 반복하여 누구나 쉽게 따라 할 수 있습니다  ❸ 민속춤에는 그 나라 사람들의 희로애락이 담겨 있습니다  ❹ 민속춤을 통해 각 나라의 음악과 의상을 접할 수 있습니다  ❺ 양서류  ❻ 이색 동물  ❼ 남북  ❽ 기후

**20~21쪽**

1  1 ㉠  2 ㉠  3 ㉠  4 ㉠

2  1 김치에는 다양한 영양소가 들어 있어 건강에 좋습니다.  2 서로 다른 개인, 지역, 나라 사이에서 물건, 문화, 사상 등을 주고받는 것을 교류라고 합니다.  3 어린이 교통사고를 예방하기 위해서는 안전시설을 확충해야 한다.  4 돌무지덧널무덤은 나무 덧널 위에 돌을 쌓고 흙을 덮은 옛 무덤을 말한다.

**22~23쪽**

3  1 ①  2 ②  3 ①

[도움말] 1 첫 번째 문장이 중심 문장입니다. 미술, 조각, 음악은 다양한 예이므로 예를 삭제하여 중심 내용을 정리합니다.

3 이 글은 나라마다 동일하게 인식되지 않는 무지개 색깔에 대해서 예를 들어 설명하고 있습니다. 각 예시가 무엇을 설명하고 있는지 파악한 후 중심 내용을 재구성하여 정리합니다.

4  1 동물  2 무게  3 허들링

[도움말] 1 첫 번째 문장이 중심 문장입니다. '호수나 강, 바다'는 물의 예이기 때문에 삭제하여 중심 문장을 정리합니다.

2 이 글은 기체가 무게가 있다는 것을 예를 들어 설명하고 있습니다. 글쓴이가 하고 싶은 말이 무엇인지 파악하여 중심 내용을 정리합니다.

3 이 글은 황제펭귄이 추위를 이겨 내기 위해 하는 허들링에 대해 설명하고 있습니다. 글쓴이가 하고 싶은 말이 무엇인지 파악하여 중심 내용을 정리합니다.

## Day 03    24~29쪽

**24~25쪽**

❶ 종류  ❷ 기구  ❸ 달걀말이  ❹ 달걀  ❺ 프라이팬

**26~27쪽**

1

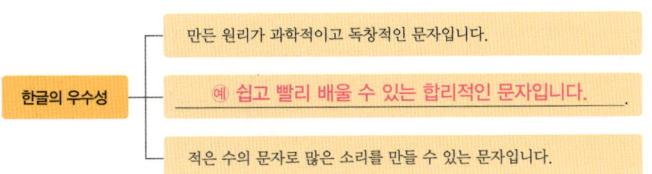

한글의 우수성
- 만든 원리가 과학적이고 독창적인 문자입니다.
- ㉮ 쉽고 빨리 배울 수 있는 합리적인 문자입니다.
- 적은 수의 문자로 많은 소리를 만들 수 있는 문자입니다.

2

지역에 따른 민요의 특징

| 경기 민요 | (남도 민요) | 서도 민요 | (동부 민요) | 제주 민요 |
|---|---|---|---|---|
| 음색이 서정적이고 부드러우며 리듬이 ㉮ 맑고 경쾌함. | 기교가 풍부하고 표현이 섬세하며 가락이 구성짐. | ㉮ 콧소리를 많이 섞어 잘게 떠는 소리를 냄. | 꿋꿋하고 소박한 느낌을 줌. | 아름다운 자연환경과 ㉮ 해녀들의 삶 을/를 담은 노래가 많음. |
| 「늴리리야」, 「군밤 타령」 | 「새타령」, 「농부가」 | 「수심가」, 「몽금포타령」 | 「한오백년」, 「쾌지나 칭칭 나네」 | 「오돌또기」, 「이야홍」 |

**도움말** 이 글은 나열 짜임의 글입니다. 먼저 핵심어와 중심 문장을 찾고, 뒷받침 문장에서 중요한 내용을 찾아 정리합니다.

**28~29쪽**

3

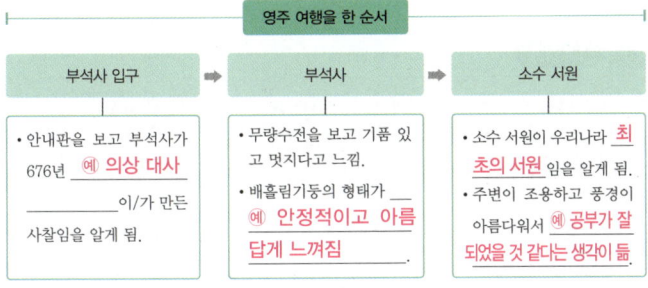

영주 여행을 한 순서

| 부석사 입구 → | 부석사 → | 소수 서원 |
|---|---|---|
| • 안내판을 보고 부석사가 676년 ㉮ 의상 대사 이/가 만든 사찰임을 알게 됨. | • 무량수전을 보고 기품 있고 멋지다고 느낌.<br>• 배흘림기둥의 형태가 ㉮ 안정적이고 아름답게 느껴짐 . | • 소수 서원이 우리나라 최초의 서원 임을 알게 됨.<br>• 주변이 조용하고 풍경이 아름다워서 ㉮ 공부가 잘 되었을 것 같다는 생각이 듦. |

**도움말** 이 글은 순서 짜임의 글로, 글쓴이가 간 곳이 차례대로 나와 있습니다. 공간을 나타내는 말에 주의하며 글을 차례대로 정리합니다.

4

과학자가 탐구를 하는 방법

㉮ 탐구 문제를 인식함 → 가설을 설정함. → 탐구를 설계함. → ㉮ 탐구를 수행함 → 탐구 결과를 정리하고 해석함. → ㉮ 탐구 결론을 내림

## Day 04    30~35쪽

**30~31쪽**

❶ 야구와 축구  ❷ 9  ❸ 공격  ❹ 단체  ❺ 전반전  ❻ 해결 방안  ❼ 스마트폰  ❽ 활동  ❾ 전문가

**32~33쪽**

1

|  | 북방식 고인돌 | 남방식 고인돌 |
|---|---|---|
| 공통점 | 선사 시대 __지배자__ 의 무덤임. | |
| 차이점 | • 시신을 땅 위에 둠.<br>• __탁자__ 와/과 비슷한 모양임. | • 시신을 ㉮ 땅속에 묻음 .<br>• 바둑판과 비슷한 모양임. |

2

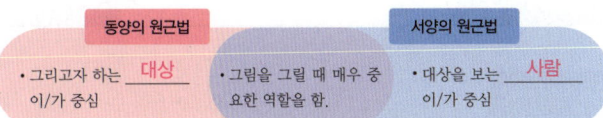

동양의 원근법 / 서양의 원근법
- 그리고자 하는 __대상__ 이/가 중심
- 그림을 그릴 때 매우 중요한 역할을 함.
- 대상을 보는 __사람__ 이/가 중심

**3**

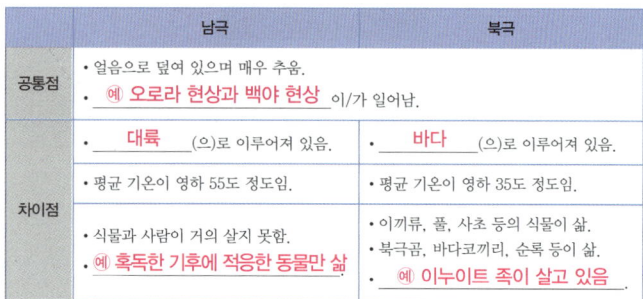

| | 남극 | 북극 |
|---|---|---|
| 공통점 | 얼음으로 덮여 있으며 매우 추움.<br>예 오로라 현상과 백야 현상 이/가 일어남. | |
| 차이점 | 대륙(으)로 이루어져 있음. | 바다(으)로 이루어져 있음. |
| | • 평균 기온이 영하 55도 정도임. | • 평균 기온이 영하 35도 정도임. |
| | • 식물과 사람이 거의 살지 못함.<br>예 혹독한 기후에 적응한 동물만 삶 | • 이끼류, 풀, 사초 등의 식물이 삶.<br>• 북극곰, 바다코끼리, 순록 등이 삶.<br>예 이누이트 족이 살고 있음 |

### 34~35쪽

**4**

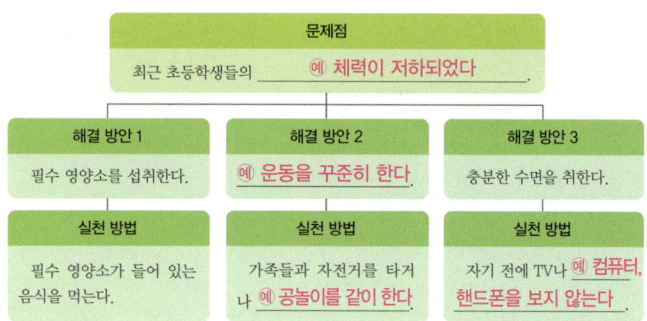

문제점: 최근 초등학생들의 예 체력이 저하되었다.

- 해결 방안 1: 필수 영양소를 섭취한다.
- 해결 방안 2: 예 운동을 꾸준히 한다.
- 해결 방안 3: 충분한 수면을 취한다.

실천 방법:
- 필수 영양소가 들어 있는 음식을 먹는다.
- 가족들과 자전거를 타거나 예 공놀이를 같이 한다.
- 자기 전에 TV나 예 컴퓨터, 핸드폰을 보지 않는다.

**도움말** 이 글은 문제와 해결 짜임의 글입니다. 첫 번째 문단에서 문제점을 찾고, 두 번째, 세 번째, 네 번째 문단에서 해결 방안을 찾아 정리합니다.

**5**

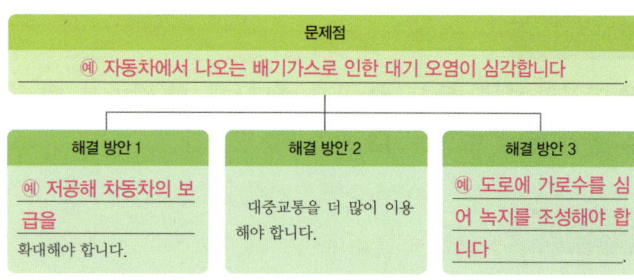

문제점: 예 자동차에서 나오는 배기가스로 인한 대기 오염이 심각합니다

- 해결 방안 1: 예 저공해 자동차의 보급을 확대해야 합니다.
- 해결 방안 2: 대중교통을 더 많이 이용해야 합니다.
- 해결 방안 3: 예 도로에 가로수를 심어 녹지를 조성해야 합니다.

## Day 05     36~41쪽

### 36~37쪽

❶ 먹을거리로 활용되고   ❷ 아름다운 환경   ❸ 구체적인 목표   ❹ 평가

### 38~39쪽

**1**

한글은 만든 원리가 과학적이고 독창적이며, 쉽고 빨리 배울 수 있고, 예 적은 수의 문자로 많은 소리를 만들 수 있는 문자라는 점에서 우수합니다.

**2**

우리 가족은 영주로 여행을 갔다. 우리는 가장 먼저 예 부석사 입구에 도착했다. 안내판을 보고 부석사가 676년에 의상 대사가 만든 사찰이라는 것을 알게 되었다. 부석사에서 무량수전을 보고 기품 있고 멋지다고 느꼈고, 무량수전의 배흘림기둥의 형태는 안정적이고 아름답게 느껴졌다. 점심을 먹은 뒤 예 우리나라 최초의 서원인 소수 서원에 갔다. 주변이 조용하고 풍경도 아름다워서 공부가 잘되었을 것 같다는 생각이 들었다.

**도움말** 빈칸에는 첫 번째 장소인 부석사 입구에 도착했다는 내용이 들어가야 합니다. 두 번째 빈칸에는 소수 서원에 갔다는 내용과 소수 서원이 우리나라 최초의 서원이라는 내용을 합쳐서 정리합니다.

### 40~41쪽

**3**

남극과 북극은 얼음으로 덮여 있으며 매우 춥고, 예 오로라 현상과 백야 현상이 일어난다는 공통점이 있지만 차이점도 있습니다. 남극은 대륙으로, 북극은 바다로 이루어져 있습니다. 남극은 평균 기온이 영하 55도 정도이고 북극은 영하 35도 정도입니다. 남극은 예 사람과 식물이 거의 살지 못하고 혹독한 기후에 적응한 동물만 삽니다. 북극은 이끼류, 풀, 사초 등의 식물과 북극곰, 바다코끼리, 순록 등의 동물이 삽니다. 또한 예 이누이트 족이 살고 있습니다.

**도움말** 첫 번째 빈칸에는 남극과 북극의 공통점 중에서 빠진 내용이 들어가야 합니다. 두 번째와 세 번째 빈칸에는 남극과 북극의 차이점을 정리합니다.

**4**

자동차에서 나오는 배기가스로 인한 대기 오염이 심각합니다. 이를 해결하기 위해서는 예 저공해 자동차의 보급을 확대하고, 대중교통을 더 많이 이용해야 합니다. 그리고 도로에 가로수를 심어 녹지를 조성해야 합니다.

**도움말** 빈칸에는 해결 방안 세 가지가 들어가야 합니다. '-고'와 같은 이어 주는 말을 사용하여 정리합니다.

## Day 06    44~45쪽

**중심 문장 쓰기**
- **1문단** – 행성의 조건
- **2문단** – 태양 주위
- **3문단** – 둥근 모양
- **4문단** – 다른 천체
- **5문단** – ㉠ 세 가지 조건

**도움말** 5문단은 2~4문단에서 설명한 행성의 세 가지 조건을 다시 한번 요약하여 쓴 부분입니다. 글쓴이가 하고 싶은 말이 잘 드러나게 문장을 재구성하여 중심 내용을 정리할 수 있습니다.

**1**

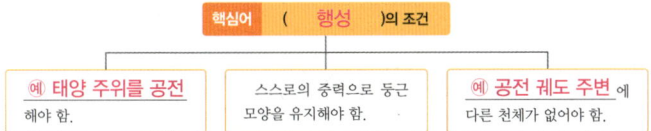

**2**

행성의 조건은 다음과 같다. 행성은 태양 주위를 공전해야 하고, ㉠ **스스로의 중력으로 둥근 모양을 유지해야 하며**, 공전 궤도 주변에 다른 천체가 없어야 한다.

**도움말** 빈칸에는 〈문제 1번〉에서 정리한 행성의 두 번째 조건을 '-고', '-며'와 같은 이어 주는 말을 사용해서 앞뒤 내용과 한 문장으로 연결되도록 씁니다.

**3** ③

**도움말** ①은 1문단에, ②는 2~4문단에, ④는 4문단에 나와 있습니다. ③ 태양계 행성들의 크기 관계는 글에 나오지 않습니다.

**4** ①

**도움말** ① 행성은 자신의 공전 궤도 주변에 다른 천체가 없어야 한다고 했으므로 ①의 설명은 알맞습니다. ② 행성은 스스로의 중력으로 둥근 모양을 유지해야 합니다. ③ 행성의 궤도 주변에 다른 천체가 존재하지 않도록 하려면 행성의 크기가 커야 합니다. ④ 행성 외에도 혜성, 소행성 등이 태양의 주변을 공전합니다.

## Day 07    46~47쪽

**중심 문장 쓰기**
- **1문단** – 천일염
- **2문단** – 염전을 만든다
- **3문단** – 저수지에 저장
- **4문단** – 햇볕과 바람
- **5문단** – 소금을 채취한다
- **6문단** – 소금 창고로 옮겨 보관

**도움말** 1문단의 마지막 두 문장을 중심 내용이 드러나게 한 문장으로 재구성할 수 있습니다.

**1**

**2**

천일염을 생산하는 과정은 다음과 같다. 먼저 염전을 만들고 ㉠ **바닷물을 끌어다 염전의 저수지에 저장한다**. 그런 다음 증발지에서 햇볕과 바람으로 바닷물을 증발시키고, 결정지에서 소금을 채취한다. ㉠ **마지막으로 채취한 소금을 소금 창고로 옮겨 보관한다**.

**도움말** 첫 번째 빈칸에는 두 번째 순서에 해당하는 내용을 씁니다. 두 번째 빈칸에는 '마지막으로', '그러고 나서'와 같은 시간 순서를 나타내는 말을 넣어 마지막 순서에 해당하는 내용을 씁니다.

**3** ④

**도움말** 이 글은 천일염의 생산 과정을 설명한 글이므로 바닷물에서 소금을 얻는 방법에 대해 알 수 있습니다.

**4** 규진

**도움말** 5문단에서 바닷물의 염도가 25퍼센트 정도까지 높아져야 소금이 잘 만들어진다고 했습니다. 2문단에서 천일염을 만드는 첫 번째 과정으로 염전을 만든다고 했습니다. 3문단에서 바닷물을 저수지에 가두어 놓으면 불순물이 가라앉으며 바닷물이 정화된다고 했습니다. 따라서 우영, 재혁, 소현이는 글에서 설명한 천일염의 생산 과정을 잘못 이해하였음을 알 수 있습니다.

## Day 08 (48~49쪽)

**중심 문장 쓰기**
- 1문단 - 예 차이가 있습니다
- 2문단 - 도덕
- 3문단 - 법
- 4문단 - 예 사회 질서

**도움말** 1문단에서 도덕과 법의 공통점을 설명한 네 번째 문장과 마지막 문장에 글쓴이가 하고 싶은 말이 드러나 있습니다. 두 문장을 연결하여 중심 내용을 정리할 수 있습니다. 4문단은 도덕과 법의 차이점과 공통점을 다시 한번 강조하여 요약한 부분입니다. 두 문장을 연결하여 중심 내용을 간단하게 정리할 수 있습니다.

1  예 도덕과 법

2

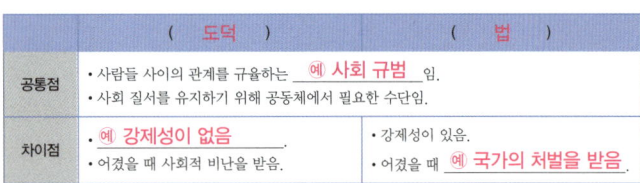

3

도덕과 법은 예 사람들 사이의 관계를 규율하는 사회 규범으로, 사회 질서를 유지하기 위해 공동체에서 필요한 수단입니다. 그러나 도덕은 강제성이 없고 어겼을 때는 사회적 비난을 받는 반면에 예 법은 강제성이 있고 어겼을 때는 국가의 처벌을 받는다는 차이점이 있습니다.

**도움말** 첫 번째 빈칸에는 〈문제 2번〉에서 정리한 도덕과 법의 공통점 중에서 빠진 내용을 씁니다. 두 번째 빈칸 바로 앞에 '반면에'와 같은 표현이 나오므로 도덕과 법의 차이점 중 법에 해당하는 두 가지 내용을 '-고'와 같은 이어 주는 말을 사용해서 한 문장으로 연결되도록 씁니다.

4  ③

**도움말** 이 글은 도덕과 법의 공통점과 차이점에 대해 설명한 글입니다

5  ④

**도움말** 도덕은 강제성이 없고, 개인의 양심에 따라 자율적으로 따르게 하는 것이기 때문에 처벌을 받지 않습니다. ④ 지키지 않으면 처벌을 받는 것은 도덕이 아니라 법입니다.

## Day 09 (50~51쪽)

**중심 문장 쓰기**
- 1문단 - 예 증가하는 문제
- 2문단 - 참여 활동
- 3문단 - 공정 무역 마크
- 4문단 - 예 아동 노동자 수

**도움말** 1문단은 아동 노동의 문제점과 글쓴이의 주장을 나낸 부분입니다. 아동 노동의 문제점을 나타낸 문장에서 '좀처럼 감소하지 않고 오히려'는 '증가하고 있다'는 내용과 중복되므로 삭제하고, 글쓴이의 주장을 나타낸 마지막 문장과 연결하여 중심 내용을 정리할 수 있습니다. 4문단의 중심 문장인 두 번째 문장에서 중요하지 않은 말을 삭제하여 글쓴이가 하고 싶은 말이 잘 드러나게 중심 내용을 정리할 수 있습니다.

1  예 아동 노동자 수가 증가하는 문제

2

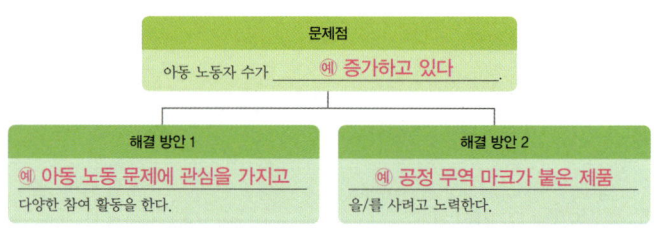

3

아동 노동자 수가 증가하는 문제를 해결하려면 예 아동 노동 문제에 관심을 가지고 다양한 참여 활동을 하고, 공정 무역 마크가 붙은 제품을 사려고 노력해야 한다.

**도움말** '-고'와 같은 이어 주는 말을 사용해서 해결 방안 1과 해결 방안 2가 한 문장으로 연결되도록 씁니다.

4  ③

**도움말** 이 글은 아동 노동자 수가 증가하고 있는 문제를 해결할 수 있는 방안을 쓴 글이므로 ③이 글쓴이의 주장으로 알맞습니다.

5  (1) 1 (2) 2, 3

**도움말** 1문단에서 문제점을 밝혔고, 2와 3문단에서 해결 방안을 제시했습니다

## Day 10　52~53쪽

**중심 문장 쓰기**

1문단 – 예 주화파의 주장
2문단 – 가능성이 낮기
3문단 – 나라와 백성
4문단 – 명나라, 청나라
5문단 – 명분, 실리

**도움말** 1문단에서 '나는 주화파의 주장을 지지한다.'라는 글쓴이의 주장과 앞에 나온 주화파의 주장이 무엇인지 설명한 내용을 연결하여 중심 내용을 정리할 수 있습니다.

1　예 주전파와 주화파

2
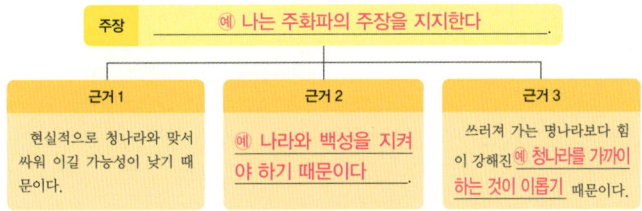

3
나는 주화파의 주장을 지지한다. 왜냐하면 예 현실적으로 청나라와 맞서 싸워 이길 가능성이 낮고, 나라와 백성을 지켜야 하기 때문이다. 그리고 쓰러져 가는 명나라보다 힘이 강해진 청나라를 가까이하는 것이 이롭기 때문이다.

**도움말** 빈칸에는 근거 1과 근거 2를 '–고'와 같은 이어 주는 말을 넣어 한 문장으로 씁니다. 이때 '왜냐하면'이 앞에 나오므로 '~ 때문이다.'로 문장을 끝맺는 것이 자연스럽습니다.

4　민수

**도움말** 글쓴이는 청나라와 화친을 맺고 전쟁을 끝내야 한다는 주화파의 주장을 지지한다고 했습니다. 민수가 말한 내용은 주화파와 같은 입장에서 말한 것이고, 종현이와 유림이가 말한 내용은 청나라와 맞서 끝까지 싸워야 한다는 주전파와 같은 입장에서 말한 것입니다.

## Day 11　54~55쪽

**중심 문장 쓰기**

1문단 – 한자가 만들어진 원리
2문단 – 모양을 본떠 만든
3문단 – 기호
4문단 – 새로운 뜻과 음
5문단 – 뜻
6문단 – 예 바꾸어 쓰는, 발음만 빌려 쓰는

**도움말** 6문단의 첫 번째와 두 번째 문장에서 전주와 가차의 예로 든 부분을 삭제하고 전주와 가차의 뜻을 설명한 부분을 연결하여 중심 내용을 정리할 수 있습니다.

1
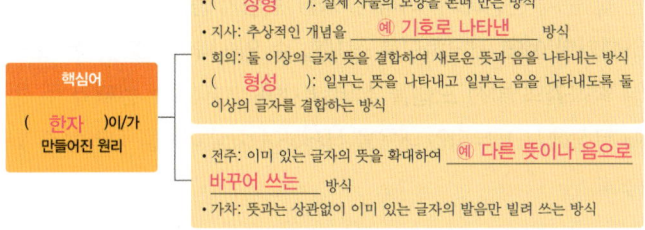

2
한자가 만들어진 원리 중에서 예 상형은 실제 사물의 모양을 본떠 만든 방식이고, 지사는 추상적인 개념을 기호로 나타낸 방식이다. 회의는 둘 이상의 글자 뜻을 결합하여 새로운 뜻과 음을 나타내는 방식이고, 예 형성은 일부는 뜻을 나타내고 일부는 음을 나타내도록 둘 이상의 글자를 결합하는 방식이다. 전주는 이미 있는 글자의 뜻을 확대하여 다른 뜻이나 음으로 바꾸어 쓰는 방식이고, 가차는 예 뜻과는 상관없이 이미 있는 글자의 발음만 빌려 쓰는 방식이다.

3　③

**도움말** 이미 만들어진 글자를 결합하여 새로운 한자를 만드는 원리는 회의와 형성입니다. 4문단은 회의, 5문단은 형성에 대해 설명한 문단입니다

4　②

**도움말** ② 가차는 이미 있는 글자의 발음만 빌려 쓰는 방식입니다.

## Day 12    56~57쪽

### 중심 문장 쓰기

1 문단 – 예 비행기의 발전 과정
2 문단 – 글라이더
3 문단 – 동력 비행
4 문단 – 예 군사적
5 문단 – 예 상업적 목적의 비행기
6 문단 – 예 항공기의 종류

도움말 1 문단의 중심 문장인 마지막 문장에서 '하늘을 ~ 발전하였는지'는 '비행기의 발전 과정'에 속하는 내용이므로 삭제할 수 있습니다. 4 문단은 두 번의 세계 대전 동안 비행기의 발전 모습을 설명한 내용입니다. 첫 번째와 두 번째 문장을 재구성하여 중심 내용을 정리할 수 있습니다. 5 문단의 중심 문장인 첫 번째 문장에서 '여객기, 화물 운송기 등'은 상업적 목적의 비행기의 예에 해당하므로 삭제할 수 있습니다. 6 문단은 오늘날 항공기의 발전 모습을 설명한 내용입니다. 첫 번째와 두 번째 문장에서 세부적인 내용을 삭제하여 중심 내용을 정리할 수 있습니다.

1

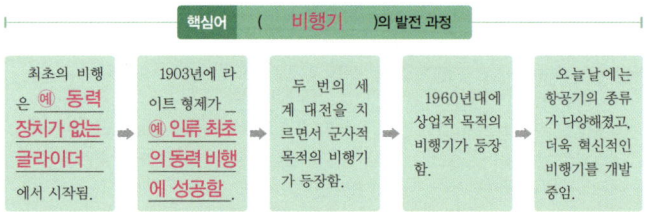

2

> 최초의 비행은 동력 장치가 없는 글라이더에서 시작되었다. 그러다가 예 1903년에 라이트 형제가 인류 최초의 동력 비행에 성공했다. 이후 두 번의 세계 대전을 치르면서 군사적 목적의 비행기가 등장했고, 예 1960년대에는 상업적 목적의 비행기가 등장했다. 오늘날에는 항공기의 종류가 다양해졌고, 더욱 혁신적인 비행기를 개발 중이다.

도움말 첫 번째 빈칸에는 〈문제 1번〉에서 정리한 두 번째 내용을 씁니다. 두 번째와 세 번째 빈칸에는 〈문제 1번〉의 세 번째와 네 번째에 정리한 내용 중에서 빠진 것을 씁니다.

3  ㉮ → ㉱ → ㉰ → ㉯

4  ①

도움말 ② 라이트 형제는 동력 비행기로 하늘을 나는 데 성공하였습니다. ③ 인류 최초의 동력 비행기가 개발된 때는 1903년입니다. ④ 무인 항공기는 오늘날 개발 중입니다.

## Day 13    58~59쪽

### 중심 문장 쓰기

1 문단 – 균형적으로 발전
2 문단 – 혁신 도시
3 문단 – 교통 및 생활 환경
4 문단 – 수도권과 비수도권

1  예 인구 집중 문제

2

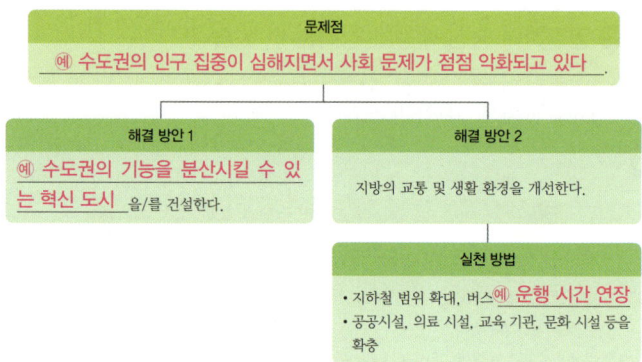

3

> 수도권의 인구 집중이 심해지면서 사회 문제가 점점 악화되고 있다. 이를 해결하려면 예 수도권의 기능을 분산시킬 수 있는 혁신 도시를 건설하고, 지방의 교통 및 생활 환경을 개선해야 한다

도움말 빈칸에는 〈문제 2번〉에서 해결 방안 1과 해결 방안 2로 정리한 내용을 '–고'와 같은 이어 주는 말을 넣어 한 문장으로 이어지도록 씁니다.

4  (3) ○

도움말 지방의 주요 도시들을 발전시키는 것은 수도권의 인구 집중 문제의 해결 방안입니다. 수도권의 기능을 다른 도시로 분산시킨다고 수도권이 사라지지는 않을 것이므로 시우의 말은 알맞지 않습니다. 글쓴이는 수도권으로의 인구 집중은 자연스러운 일이라고 하였으므로 수정이의 말은 알맞지 않습니다.

## Day 14    60~61쪽

**중심 문장 쓰기**
1문단 - 예 세계 3대 박물관
2문단 - 루브르 박물관
3문단 - 세계 최초의 공공 박물관
4문단 - 예 바티칸 시국의 궁전

**도움말** 1문단의 중심 문장은 마지막 문장입니다. '전 세계인들의 발길이 끊이지 않는'은 '세계 3대 박물관'을 덧붙여 설명하는 내용이기 때문에 중요하지 않으므로 삭제할 수 있습니다. 4문단의 중심 문장은 첫 번째 문장입니다. '교황이 통치하는 이탈리아의 작은 도시 국가인'은 '바티칸 시국'을 덧붙여 설명하는 내용이기 때문에 중요하지 않으므로 삭제할 수 있습니다.

**1**

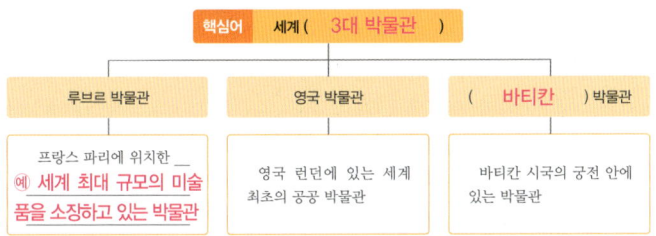

핵심어 세계 ( 3대 박물관 )
- 루브르 박물관: 프랑스 파리에 위치한 예 세계 최대 규모의 미술품을 소장하고 있는 박물관
- 영국 박물관: 영국 런던에 있는 세계 최초의 공공 박물관
- ( 바티칸 ) 박물관: 바티칸 시국의 궁전 안에 있는 박물관

**2**

> 루브르 박물관, 영국 박물관, 바티칸 박물관은 세계 3대 박물관으로 손꼽힌다. 그중에서 루브르 박물관은 세계 최대 규모의 미술품을 소장하고 있는 박물관이다. 그리고 영국 박물관은 예 세계 최초의 공공 박물관 이고, 예 바티칸 박물관은 바티칸 시국의 궁전 안에 있는 박물관이다.

**도움말** 첫 번째 빈칸에는 〈문제 1번〉에서 정리한 영국 박물관의 내용을 쓰고, 두 번째 빈칸에는 바티칸 박물관의 내용을 씁니다.

**3** ①

**도움말** ② 루브르 박물관의 구조는 2문단의 세 번째와 네 번째 문장을, ③ 루브르 박물관의 규모는 첫 번째와 두 번째 문장을, ④ 루브르 박물관에 전시된 미술품은 마지막 다섯 번째 문장을 통해 알 수 있습니다.

**4** ②

**도움말** ① 바티칸 박물관은 이탈리아의 작은 도시 국가인 바티칸 시국에 있는 박물관이지 세계에서 가장 작은 박물관은 아닙니다. ③ 세계에서 가장 오래된 박물관은 영국 박물관입니다. ④ '박물관'이라는 용어는 르네상스 시대부터 사용하기 시작했습니다.

## Day 15    62~63쪽

**중심 문장 쓰기**
1문단 - 수증기가 응결
2문단 - 작은 물방울이나 작은 얼음 알갱이
3문단 - 안개
4문단 - 물방울로 맺혀 있는 것

**1** 예 구름, 안개, 이슬

**2**

| | 구름 | ( 안개 ) | 이슬 |
|---|---|---|---|
| 공통점 | 공기 중의 수증기가 __응결__ 해 나타나는 현상임. | | |
| 차이점 | 예 높은 하늘 에 작은 물방울이나 작은 얼음 알갱이로 무리 지어 떠 있음. | 예 지표면 근처 에 작은 물방울로 떠 있음. | 예 차가워진 물체 표면 에 물방울로 맺혀 있음. |

**3**

> 구름, 안개, 이슬은 모두 예 공기 중의 수증기가 응결해 나타나는 현상 이다. 하지만 구름은 높은 하늘에 작은 물방울이나 작은 얼음 알갱이로 무리 지어 떠 있는 것이고, 안개는 지표면 근처에 작은 물방울로 떠 있는 것이다. 예 그리고 이슬은 차가워진 물체 표면에 물방울로 맺혀 있는 것이다.

**도움말** 첫 번째 빈칸에는 〈문제 2번〉에서 정리한 구름, 안개, 이슬의 공통점을 씁니다. 두 번째 빈칸에는 이슬의 차이점으로 정리한 내용을 씁니다. 이때 '그리고'와 같은 이어 주는 말을 사용해서 앞 문장과 자연스럽게 연결되도록 합니다.

**4** ③

**도움말** 구름, 안개, 이슬은 수증기가 한데 엉겨 물방울로 변해 만들어진다는 공통점이 있습니다. 구름, 안개, 이슬은 만들어지는 위치가 모두 다르고, 우리 눈으로 관찰할 수 있는 현상입니다. 그리고 안개와 이슬은 맑은 날 이른 아침이나 새벽에 볼 수 있습니다.

**5** (2) ○ (4) ○

**도움말** (1) 지표면 근처에서 볼 수 있는 것은 안개입니다. (3) 수증기가 차가워진 물체 표면에 물방울로 맺힌 것은 이슬입니다.

## Day 16  64~65쪽

### 중심 문장 쓰기

1. 문단 – 구동 장치, 조향 장치, 제동 장치
2. 문단 – 프레임
3. 문단 – 페달과 체인
4. 문단 – ⑩ 자전거의 방향을 조절
5. 문단 – 줄이거나 멈추게 하는 브레이크

**도움말** 4문단은 자전거의 조향 장치를 설명한 내용입니다. 첫 번째 문장과 두 번째 문장을 연결하여 중심 내용을 정리할 수 있습니다.

**1**

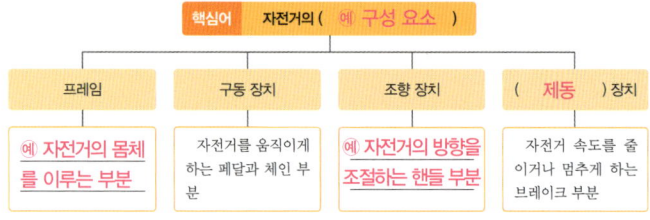

**2**

자전거는 ⑩ 자전거의 몸체를 이루는 부분인 프레임, 자전거를 움직이게 하는 페달과 체인 부분인 구동 장치 , 자전거의 방향을 조절하는 핸들 부분인 조향 장치, 자전거 속도를 줄이거나 멈추게 하는 브레이크 부분인 제동 장치로 구성되어 있다.

**도움말** 빈칸에는 〈문제 1번〉에서 정리한 자전거의 구성 요소 중에서 빠진 프레임과 구동 장치의 내용을 쉼표( , )를 사용해서 씁니다.

**3** ③

**도움말** 4문단은 자전거의 방향을 조절하는 조향 장치인 핸들에 대해 설명한 내용입니다. 4문단에 자전거 핸들을 잡는 방법은 나오지 않습니다.

**4** ③

**도움말** ③ 자전거의 페달을 돌리면 그 힘이 체인을 통해 뒷바퀴로 전달되어 자전거가 움직입니다.

## Day 17  66~67쪽

### 중심 문장 쓰기

1. 문단 – 같은 점과 다른 점
2. 문단 – 세로로 부는 목관 악기
3. 문단 – 구멍의 개수
4. 문단 – 5음계, 7음계
5. 문단 – 소리를 내는 것이 어렵습니다

**1** ⑩ 단소와 리코더

**2**

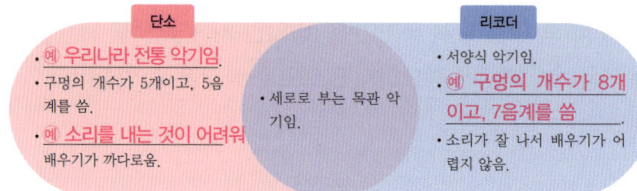

**3**

단소와 리코더는 ⑩ 세로로 부는 목관 악기라는 점 이/가 같습니다. 하지만 우리나라 전통 악기인 단소는 구멍의 개수가 5개이고 5음계를 쓰는 반면, ⑩ 서양식 악기인 리코더는 구멍의 개수가 8개이고 7음계를 쓰는 점 이/가 다릅니다. 그리고 ⑩ 단소는 소리를 내는 것이 어려워 배우기가 까다로운 반면에 리코더는 소리가 잘 나서 배우기가 어렵지 않다는 점도 다릅니다.

**도움말** 첫 번째 빈칸에는 단소와 리코더의 같은 점을 씁니다. 두 번째 빈칸에는 단소와 리코더의 다른 점 중 리코더의 구멍의 개수와 음계에 대한 내용을 쓰고, 세 번째 빈칸에는 '반면에' 뒤에 나오는 리코더에 대한 내용과 다른 점이 드러나게 단소에 해당하는 내용을 씁니다.

**4** 3 , 4 , 5

**도움말** 2문단은 단소와 리코더의 같은 점을, 3 ~ 5 문단은 단소와 리코더의 다른 점을 설명했습니다.

**5** (2) ○

**도움말** (1) 단소와 리코더는 세로로 부는 목관 악기입니다. (3) 단소는 리코더보다 구멍의 개수가 적습니다. 단소는 구멍의 개수 때문에 소리를 내는 것이 어려운 것이 아니라 소리를 내는 방식이 까다로운 것입니다.

## Day 18 68~69쪽

### 중심 문장 쓰기

1️⃣문단 – 예 소화 과정
2️⃣문단 – 예 이로 잘게 부수고
3️⃣문단 – 식도를 따라 위로 내려간다
4️⃣문단 – 예 분해된다
5️⃣문단 – 예 영양소가 흡수된다
6️⃣문단 – 예 물을 흡수

도움말 1️⃣문단은 마지막 문장, 2️⃣문단은 두 번째 문장, 4️⃣문단은 첫 번째 문장, 5️⃣문단은 첫 번째 문장이 중심 문장입니다. 각 중심 문장에서 꼭 필요하지 않은 내용을 삭제하여 중심 내용을 간략하게 정리할 수 있습니다. 6️⃣문단은 큰창자에서의 소화 과정을 설명한 내용입니다. 큰창자에서 하는 일이 잘 드러나게 첫 번째와 두 번째 문장을 재구성하여 중심 내용을 정리할 수 있습니다.

**1**

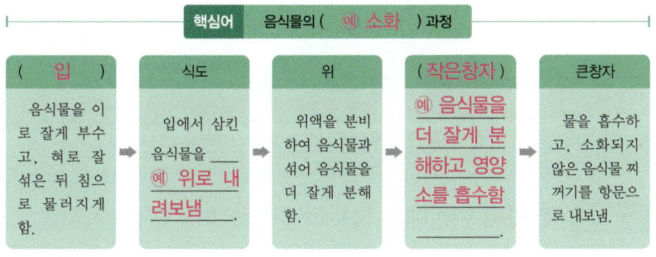

**2**

우리가 먹은 음식물은 __입, 식도, 위, 작은창자, 큰창자__ 의 순서대로 이동하면서 소화되고, 소화되지 않은 음식물 찌꺼기는 항문을 통해 몸 밖으로 배출된다.

도움말 음식물의 소화 과정을 음식물이 거쳐 가는 소화 기관의 순서대로 나타내어 간단하게 요약할 수 있습니다.

**3** (1) 식도 (2) 작은창자

도움말 우리가 먹은 음식물은 '입 → 식도 → 위 → 작은창자 → 큰창자 → 항문'을 순서대로 거쳐 소화됩니다.

**4** ③

도움말 ③ 식도는 삼킨 음식물을 위로 내려보냅니다.

## Day 19 70~71쪽

### 중심 문장 쓰기

1️⃣문단 – 어둡고 축축한 곳
2️⃣문단 – 예 균사
3️⃣문단 – 예 부정적인 영향
4️⃣문단 – 긍정적인 영향
5️⃣문단 – 인간

도움말 2️⃣문단은 곰팡이의 구조를 설명한 내용입니다. 첫 번째와 두 번째 문장에서 세부적인 내용을 삭제하고 간략하게 중심 내용을 정리할 수 있습니다. 3️⃣문단의 중심 문장인 첫 번째 문장에서 '우리 ~ 발견되는'은 '곰팡이'를 덧붙여 설명하는 내용이기 때문에 중요하지 않으므로 삭제하고, 묻는 문장을 풀이하는 문장으로 바꾸어 중심 내용을 재구성할 수 있습니다. 5️⃣문단은 곰팡이의 역할 및 중요성을 정리한 내용입니다. 글쓴이가 하고 싶은 말을 파악하여 중심 내용을 정리합니다.

**1**

**2**

예 양분이 많고 따뜻하면서 어둡고 축축한 곳 에서 사는 곰팡이는 예 균사, 포자낭, 포자 (으)로 이루어져 있다. 곰팡이는 예 식중독, 알레르기 반응, 호흡기 문제, 식물 감염을 일으킨다 . 반면에 음식을 만드는 데 이용되고 죽은 생물이나 배설물을 분해하며 항생제 및 의약품을 개발하는 데 이용되기도 한다.

도움말 첫 번째 빈칸에는 곰팡이가 사는 곳, 두 번째 빈칸에는 곰팡이의 구조, 세 번째 빈칸에는 곰팡이의 부정적인 영향에 해당하는 내용을 씁니다.

**3** ④

도움말 5️⃣문단의 마지막 문장에 글쓴이의 생각이 나타나 있으므로 ④가 제목으로 알맞습니다

**4** ②

도움말 ② 곰팡이는 어둡고 축축한 곳에서 잘 자랍니다.

## Day 20    72~73쪽

**중심 문장 쓰기**

1 문단 – 지속 가능한 소비를 실천해야 한다
2 문단 – 의류 소비를 줄여야 한다
3 문단 – 올바르게 만들어진 옷
4 문단 – 재활용하거나 재사용
5 문단 – 예 슬로 패션을 추구하자

도움말 5문단의 중심 문장인 마지막 문장에서 '유행과 ~ 패션 대신'은 바로 뒤에 나오는 내용을 강조하기 위해 덧붙여 말한 것이기 때문에 중요하지 않으므로 삭제할 수 있습니다.

1  예 패스트 패션 문제

2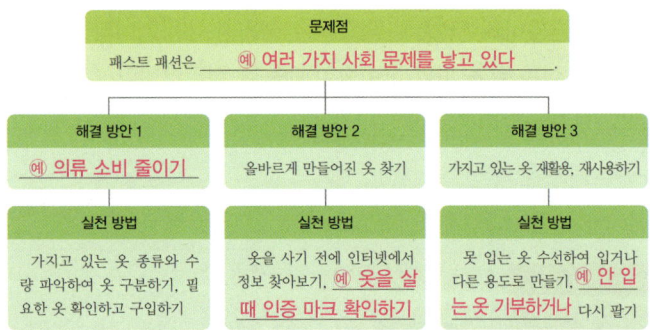

3

> 패스트 패션은 여러 가지 사회 문제를 낳고 있다. 패스트 패션의 문제를 해결하려면 의류 소비를 줄이고, 예 올바르게 만들어진 옷을 찾기 위해 노력한다. 예 그리고 가지고 있는 옷을 재활용하거나 재사용한다.

도움말 첫 번째 빈칸에는 해결 방안 2를 쓰고, 두 번째 빈칸에는 '또', '그리고' 등의 이어 주는 말을 넣어 해결 방안 3을 씁니다.

4  ①

도움말 패스트 패션에서 벗어나기 위해 의류 소비를 줄이자고 했으므로 유리가 말한 내용은 알맞지 않습니다.

## Day 21    74~75쪽

**중심 문장 쓰기**

1 문단 – 우리나라의 주권이 미치는 영토, 영해, 영공에 대해 알아보자
2 문단 – 한반도와 주변의 섬
3 문단 – 12해리
4 문단 – 영토와 영해 위에 있는 하늘
5 문단 – 예 영토, 영해, 영공

도움말 5문단의 중심 문장인 마지막 문장에서 '국토의 영역을 이루는'은 '영토, 영해, 영공'을 덧붙여 설명한 내용이기 때문에 중요하지 않으므로 삭제할 수 있습니다.

1

| 핵심어 | | |
|---|---|---|
| 우리나라의 ( 영역 ) | 영토 | 예 한반도와 주변의 섬으로 이루어짐 |
| | ( 영해 ) | 영해를 설정하는 기준선으로부터 12해리까지임. |
| | 영공 | 예 영토와 영해 위에 있는 하늘의 범위임 |

2

> 우리나라의 영역은 __예 영토, 영해, 영공__ (으)로 이루어진다. 영토는 한반도와 주변의 섬으로 이루어져 있고, 영해는 __예 영해를 설정하는 기준선으로부터 12해리까지__ 이다. 그리고 __예 영공은 영토와 영해 위에 있는 하늘의 범위이다__.

도움말 첫 번째 빈칸에는 국토의 영역을 이루는 세 가지를 쓰고, 두 번째 빈칸에는 영해의 범위를, 세 번째 빈칸에는 영공의 범위를 씁니다.

3  ②

도움말 우리나라 주권이 미치는 영역의 범위에 대해 설명한 글이므로 ②가 제목으로 알맞습니다.

4  ②

도움말 ① 대기권까지가 영공에 해당합니다. ③ 영공은 우리나라 영토와 영해 위에 있는 하늘이 모두 해당합니다. ④ 영해를 설정하는 기준은 해안선에 따라 조금 다릅니다.

## Day 22  76~77쪽

### 중심 문장 쓰기

1문단 – ㉠ 차이점을 가지고 있다
2문단 – 미세 먼지와 황사는 발생 원인과 발생 시기부터 다르다
3문단 – 주요 성분
4문단 – 입자 크기
5문단 – 최대한 외출을 자제하는 것이 좋다

**도움말** 1문단의 두 번째 문장에서 '모두 하늘을 ~ 전파시킨다는'은 미세 먼지와 황사의 공통점을 덧붙여 설명하는 내용이기 때문에 꼭 필요하지 않으므로 삭제할 수 있습니다. 마지막 문장에서 '발생 원인, 발생 시기, 주요 성분, 입자 크기 등에서'는 차이점의 항목을 예로 든 내용이므로 삭제할 수 있습니다. 이 두 문장을 한 문장으로 연결하여 중심 내용을 정리합니다.

1 ㉠ 미세 먼지와 황사의 공통점과 차이점

2

|  |  | ( 미세 먼지 ) | ( 황사 ) |
|---|---|---|---|
| 공통점 | | • 하늘을 뿌옇게 만들로 ㉠ 각종 유해 물질을 먼 거리까지 전파시킴. <br> • 우리 몸에 악영향을 끼쳐 건강 이상을 발생시킬 수 있음. | |
| 차이점 | ( 발생 원인 ) | • 화석 연료를 태울 때 나오는 오염 물질 | • 중국과 몽골의 사막 지역에서 발생한 흙먼지 |
| | 발생 시기 | • ㉠ 사계절 내내 | • 봄철 |
| | 주요 성분 | • 황산염, 질산염, 일산화 탄소, 중금속 등 사람에게 해로운 성분 | • ㉠ 칼슘, 철분, 알루미늄, 마그네슘 등의 토양 성분 |
| | 입자 크기 | • 지름 10마이크로미터 이하의 작은 먼지 | • ㉠ 지름 20마이크로미터 이하의 모래 |

3

> 미세 먼지와 황사는 하늘을 뿌옇게 만들고 각종 유해 물질을 먼 거리까지 전파시켜 ㉠ 우리 몸에 악영향을 끼쳐 건강 이상을 발생시킬 수 있다는 공통점이 있다. ㉠ 그러나 발생 원인, 발생 시기, 주요 성분, 입자 크기에는 차이점이 있다.

**도움말** 첫 번째 빈칸에는 미세 먼지와 황사의 공통점 중에서 빠진 내용을 씁니다. 두 번째 빈칸에는 '그러나', '하지만' 같은 이어 주는 말로 시작하여 미세 먼지와 황사가 어떤 차이점이 있는지 항목을 쉼표(,)로 연결하여 씁니다.

4 (3) ✕

**도움말** (3) 황사보다 입자 크기가 훨씬 작은 미세 먼지가 인체에 더 큰 해를 끼칩니다.

## Day 23  78~79쪽

### 중심 문장 쓰기

1문단 – 여가 활동이 필요하다
2문단 – ㉠ 신체적 발달
3문단 – ㉠ 사회적 기술을 배울 수 있는 기회를 제공
4문단 – 청소년기의 여가 활동은 청소년들의 정신적 건강에도 도움을 주기 때문이다
5문단 – ㉠ 학교, 가정, 지역 사회

**도움말** 2문단의 첫 번째 문장에서 '무엇일까?'를 삭제하고 중요한 내용을 담고 있는 두 번째 문장과 연결하여 중심 내용을 정리할 수 있습니다. 3문단의 중심 문장인 첫 번째 문장에서 '협동심, 배려심, 의사소통 방식 등의'는 사회적 기술의 예에 해당하므로 삭제할 수 있습니다. 5문단의 중심 문장인 마지막 문장에서 '건강에 ~ 느낄 수 있는'은 '여가 활동'을 덧붙여 설명하는 내용이기 때문에 중요하지 않으므로 삭제할 수 있습니다.

1 ㉠ 여가 활동

2

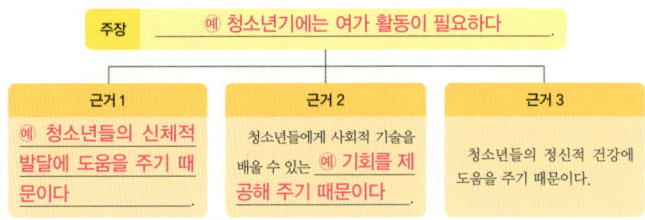

3

> ㉠ 청소년기에는 여가 활동이 필요하다. 왜냐하면 ㉠ 청소년들의 신체적 발달에 도움을 주고, 청소년들에게 사회적 기술을 배울 수 있는 기회를 제공해 주며, ㉠ 청소년들의 정신적 건강에 도움을 주기 때문이다.

**도움말** 첫 번째 빈칸에는 주장을, 두 번째 빈칸에는 근거 1을 씁니다. 세 번째 빈칸에는 근거 3을 쓰되, 앞에 나온 '왜냐하면'과 호응이 되도록 '~ 때문이다'로 문장을 끝맺도록 합니다.

4 2문단, 3문단, 4문단

**도움말** 1문단은 글쓴이의 주장을 밝힌 부분, 2~4문단은 주장에 대한 근거를 제시한 부분, 5문단은 글쓴이의 주장을 다시 한번 강조한 부분입니다.

5 ㉣

**도움말** ㉮는 근거 1을, ㉯와 ㉰는 근거 3을 뒷받침하는 내용입니다. ㉣는 글쓴이가 말한 뒷받침 내용이 아닙니다.

## Day 24   80~81쪽

**중심 문장 쓰기**

1 문단 - 예 속력으로 나타내는 예를 알아봅시다
2 문단 - 일기예보
3 문단 - 예 운동 경기
4 문단 - 예 교통수단도 빠르기를 속력으로 나타냅니다
5 문단 - 움직일 때의 빠르기

**도움말** 1 문단의 중심 문장인 마지막 문장에서 꼭 필요하지 않은 말이나 표현은 삭제할 수 있습니다. 3 문단의 중심 문장인 첫 번째 문장에서 '수영, 구기 종목, 육상, 빙상 경기 등의'는 운동 경기의 예에 해당하는 내용이기 때문에 중요하지 않으므로 삭제할 수 있습니다. 4 문단의 중심 문장인 마지막 문장에서 '기차, 버스, 자동차 등의'는 교통수단의 예에 해당하므로 삭제할 수 있습니다.

**1**

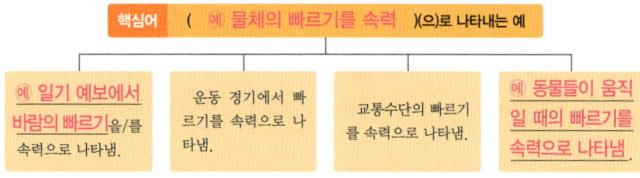

**2**

우리 주변에서 <u>예 물체의 빠르기를 속력으로 나타내는 예</u> 이/가 있습니다. 일기 예보에서 바람의 빠르기, <u>예 운동 경기에서 빠르기, 교통수단의 빠르기, 동물들이 움직일 때의 빠르기를 속력으로 나타냅니다</u>

**도움말** 첫 번째 빈칸에는 핵심어를 씁니다. 두 번째 빈칸에는 〈문제 1번〉의 내용에서 물체의 빠르기를 속력으로 나타낸 예만 쉼표를 넣어 간단히 쓰고, 반복되어 나오는 말인 '~를 속력으로 나타냅니다.'는 마지막에 한 번만 씁니다.

**3** ④

**도움말** ④ 물이 가열될 때 끓기까지 걸리는 시간의 빠르기는 속력으로 나타내기에 알맞지 않습니다

**4** (1) ○  (2) ○

**도움말** '야구공의 빠르기가 145km/h'라는 말은 야구공이 1시간 동안에 145킬로미터를 이동했다는 뜻입니다.

## Day 25   82~83쪽

**중심 문장 쓰기**

1 문단 - 예 고령화 문제를 해결하기 위한 방법을 살펴보자
2 문단 - 정부가 출산율
3 문단 - 경제 활동을 계속할 수 있는 환경
4 문단 - 의료 및 복지 서비스

**도움말** 1 문단의 중심 문장인 마지막 문장에서 '어떤 것들이 있는지'는 방법을 말하는 것이므로 삭제할 수 있습니다.

**1** 예 고령화 문제를 해결하는 방법

**2**

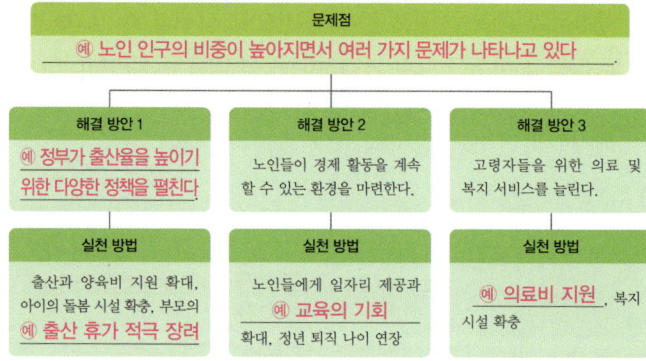

**3**

<u>예 노인 인구의 비중이 높아지면서 여러 가지 문제가 나타나고 있다</u>
고령화 문제를 해결하려면 정부가 출산율을 높이기 위한 다양한 정책을 펼치고, <u>예 노인들이 경제 활동을 계속할 수 있는 환경을 마련하며, 고령자들을 위한 의료 및 복지 서비스를 늘려야 한다</u>

**도움말** 첫 번째 빈칸에는 문제점을 씁니다. 두 번째 빈칸에는 해결 방안 2와 해결 방안 3을 '-고', '-며'와 같은 이어 주는 말과 쉼표( , )를 넣어 씁니다.

**4** ①

**도움말** ① 고령화 문제를 해결하려면 출산 지원을 확대해야 한다고 했으므로 ①은 알맞지 않습니다.

## Day 26 · 84~85쪽

**중심 문장 쓰기**

1문단 – 노이즈 마케팅
2문단 – 노이즈 마케팅의 장점은 잘 이용하면 짧은 기간에 높은 광고 효과를 얻을 수 있다는 것이다
3문단 – 노이즈 마케팅의 단점은 잘못 이용하면 사람들에게 부정적인 감정을 갖게 할 수 있다는 것이다
4문단 – ㉮ 관심을 끌면서도 긍정적인 이미지를 유지하는

**도움말** 4문단의 중심 문장인 마지막 문장에서 '자극적인 내용만 좇지 말고'는 꼭 필요한 내용이 아니므로 삭제할 수 있습니다.

**1**

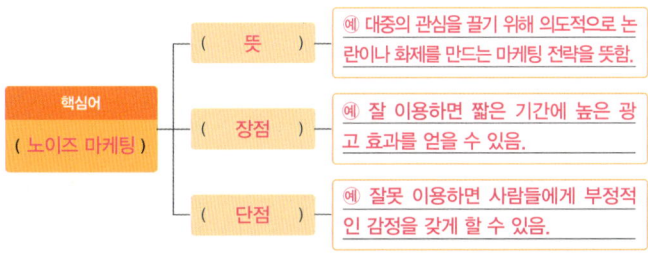

| | | |
|---|---|---|
| 핵심어 (노이즈 마케팅) | ( 뜻 ) | ㉮ 대중의 관심을 끌기 위해 의도적으로 논란이나 화제를 만드는 마케팅 전략을 뜻함. |
| | ( 장점 ) | ㉮ 잘 이용하면 짧은 기간에 높은 광고 효과를 얻을 수 있음. |
| | ( 단점 ) | ㉮ 잘못 이용하면 사람들에게 부정적인 감정을 갖게 할 수 있음. |

**2**

㉮ 노이즈 마케팅은 대중의 관심을 끌기 위해 의도적으로 논란이나 화제를 만드는 마케팅 전략을 뜻한다. 잘 이용하면 짧은 기간에 높은 광고 효과를 얻을 수 있다는 장점이 있는 반면에 잘못 이용하면 사람들에게 부정적인 감정을 갖게 할 수 있다는 단점이 있다.

**도움말** 〈문제 1번〉에서 정리한 노이즈 마케팅의 뜻, 장점, 단점을 차례대로 연결하여 씁니다.

**3** ①

**도움말** 2문단은 노이즈 마케팅의 장점을, 3문단은 노이즈 마케팅의 단점을, 4문단은 노이즈 마케팅을 이용할 때 주의할 점을 설명하였습니다.

**4** (2) ○

**도움말** 짧은 기간에 대중의 호기심을 불러일으켜 인지도를 높이려는 목적으로 노이즈 마케팅을 이용한다고 했고, 잘 이용하면 긍정적인 효과를 얻을 수 있다고 했으므로 주영이와 효주가 말한 생각이나 느낌은 알맞지 않습니다.

## Day 27 · 86~87쪽

**중심 문장 쓰기**

1문단 – ㉮ 네트를 사이에 두고 라켓으로 공을 쳐서
2문단 – 테니스와 배드민턴은 코트 크기와 네트 높이가 차이가 있다
3문단 – 테니스와 배드민턴은 공의 무게가 다르다
4문단 – 경기 규칙이 다르다
5문단 – 경기 방식이 다르다

**도움말** 1문단의 중심 문장인 마지막 문장에서 '코트의 중앙에 설치된'은 '네트'를 덧붙여 설명한 내용이기 때문에 중요하지 않으므로 삭제할 수 있습니다.

**1** ㉮ 테니스와 배드민턴의 같은 점과 다른 점

**2**

| | | ( 테니스 ) | ( 배드민턴 ) |
|---|---|---|---|
| 같은 점 | | ㉮ 네트를 사이에 두고 라켓으로 공을 쳐서 승부를 겨룸. | |
| 다른 점 | 코트 크기와 네트 높이 | ㉮ 코트 길이가 23.77미터, 네트 중앙 높이가 0.914미터임. | ㉮ 코트 길이가 13.4미터, 네트 중앙 높이가 1.524미터임. |
| | 공의 무게 | ㉮ 공 무게가 56~59그램임. | ㉮ 공 무게가 4.75~5.50그램임. |
| | 경기 규칙 | ㉮ 바닥에 한 번 닿은 공을 쳐서 상대 코트로 넘겨도 됨. | ㉮ 상대 선수가 친 공이 바닥에 닿기 전에 상대 코트로 바로 넘겨야 함. |
| | 경기 방식 | ㉮ 6게임을 먼저 얻으면 1세트를 이기는 방식임. | ㉮ 21점을 먼저 얻으면 1세트를 이기는 방식임. |

**3**

㉮ 테니스와 배드민턴은 네트를 사이에 두고 라켓으로 공을 쳐서 승부를 겨룬다는 점이 같다. 그러나 코트 크기와 네트 높이, 공의 무게, 경기 규칙, 경기 방식은 다르다.

**도움말** 테니스와 배드민턴의 같은 점과 다른 점을 두 문장으로 나누어 쓰는 것이 좋습니다. 두 문장 사이에는 '그러나', '하지만'과 같은 이어 주는 말을 넣어야 합니다.

**4** ④

**도움말** 테니스는 상대 선수가 친 공이 바닥에 닿기 전에 상대 코트로 바로 넘겨도 되고, 바닥에 한 번 닿은 공을 쳐서 상대 코트로 넘겨도 됩니다.

## Day 28　88~89쪽

### 중심 문장 쓰기

1문단 – 예 해양 산성화를 줄일 수 있는 방법
2문단 – 해양 산성화를 줄이려면 온실가스 배출량을 줄여야 한다
3문단 – 해양 산성화를 줄이기 위해서는 해양 생태계 보호 및 복원에 힘써야 한다
4문단 – 예 국가 간의 협력을 강화하는 것도 필요하다
5문단 – 위협이 될 수 있다는 것

도움말 1문단의 중심 문장인 마지막 문장에서 필요 없는 말을 삭제하여 중심 내용을 정리할 수 있습니다. 4문단의 중심 문장은 두 번째 문장입니다. '이를'을 '해양 산성화 문제를'이라는 구체적인 말로 나타내어 중심 내용을 정리할 수 있습니다.

1 　예 해양 산성화 문제를 해결하는 방법

2

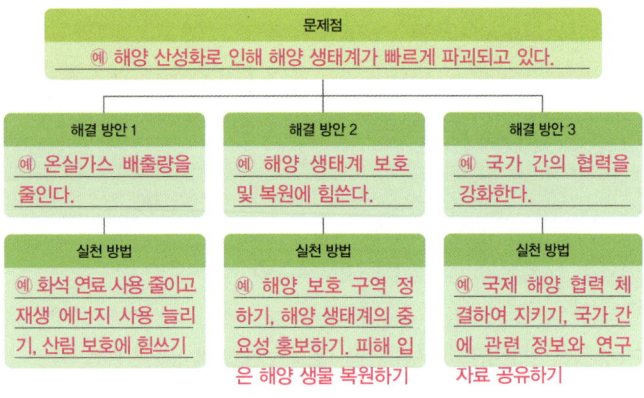

3
　예 해양 산성화로 인해 해양 생태계가 빠르게 파괴되고 있다. 해양 산성화를 줄이려면 온실가스 배출량을 줄이고, 해양 생태계 보호 및 복원에 힘써야 한다. 또 국가 간의 협력을 강화해야 한다.

도움말 〈문제 2번〉에서 정리한 문제점과 해결 방안을 차례대로 씁니다. 해결 방안은 '-고', '그리고', '또'와 같은 이어 주는 말을 사용하여 두 문장 정도로 나누어 요약합니다.

4　(4) ○

도움말 이 글은 해양 산성화의 문제점을 밝히고 그에 대한 해결 방안과 실천 방법을 제시한 글입니다.

## Day 29　90~91쪽

### 중심 문장 쓰기

1문단 – 예 팔만대장경을 제작하는 과정
2문단 – 팔만대장경을 만들기 위해 먼저, 나무를 베어 바닷물에 1~2년 정도 담가 놓았습니다
3문단 – 소금물에 삶고
4문단 – 글자를 새겼습니다
5문단 – 네 번째 단계로 글자를 새긴 경판을 종이에 찍어 내어 원고와 대조했습니다
6문단 – 예 구리판으로 장식

도움말 1문단의 두 번째와 세 번째 문장에서 꼭 필요하지 않은 말을 삭제하여 중심 내용을 정리할 수 있습니다. 6문단의 첫 번째와 두 번째 문장에서 중요하지 않는 내용이나 반복된 표현을 삭제하고 한 문장으로 중심 내용을 재구성할 수 있습니다.

1

2
　예 팔만대장경을 제작하기 위해 먼저 나무를 베어 바닷물에 1~2년 정도 담가 놓았다가, 경판 크기로 잘라 소금물에 삶고 그늘에서 1년 정도 건조시켰습니다. 그런 다음 한지에 글자를 써서 다듬은 경판 위에 붙이고 글자를 새긴 뒤에 경판을 종이에 찍어 내어 원고와 대조했습니다. 마지막으로 경판 양쪽에 각목을 붙이고 네 귀퉁이를 구리판으로 장식한 뒤에 옻칠을 했습니다.

도움말 〈문제 1번〉에서 정리한 내용을 차례대로 연결하여 씁니다. 이때 '먼저', '그런 다음', '마지막으로'와 같은 순서를 나타내는 말을 넣습니다.

3　(1) 2　(2) 4　(3) 3　(4) 1

도움말 팔만대장경은 (4) → (1) → (3) → (2)의 순서대로 제작되었습니다.

4　④

도움말 2문단, 3문단, 6문단에 경판을 오래 보존하기 위해 한 작업 과정이 나타나 있습니다.

# Day 30

**중심 문장 쓰기**

1문단 – 인공 지능 창작물에 저작권
2문단 – 인공 지능 창작물에 저작권을 부여하면 첫째, 창작의 가치가 훼손될 수 있습니다
3문단 – 저작권 문제가 발생했을 때 책임을 질 대상이 명확하지 않습니다
4문단 – 문화의 다양성과 독창성이 감소할 위험이 있습니다
5문단 – 인공 지능 창작물에 저작권을 부여해서는 안 됩니다

1  예 인공 지능 창작물에 저작권을 부여하는 문제

2
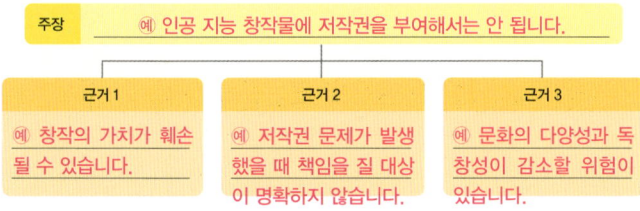

주장: 예 인공 지능 창작물에 저작권을 부여해서는 안 됩니다.

근거 1: 예 창작의 가치가 훼손될 수 있습니다.
근거 2: 예 저작권 문제가 발생했을 때 책임을 질 대상이 명확하지 않습니다.
근거 3: 예 문화의 다양성과 독창성이 감소할 위험이 있습니다.

3
예 인공 지능 창작물에 저작권을 부여해서는 안 됩니다. 창작의 가치가 훼손될 수 있고, 저작권 문제가 발생했을 때 책임을 질 대상이 명확하지 않으며, 문화의 다양성과 독창성이 감소할 위험이 있기 때문입니다.

**도움말** 〈문제 2번〉에서 정리한 주장과 근거가 모두 드러나게 요약합니다. 주장을 먼저 쓰고 근거를 나열할 수도 있고, 근거를 먼저 나열하고 주장을 쓸 수도 있습니다. 근거를 요약할 때는 '-고', '-며', '또'와 같은 이어 주는 말을 사용합니다.

4  지우
**도움말** 글쓴이처럼 인공 지능 창작물에 저작권을 부여해서는 안 된다는 생각을 가지고 말한 친구는 지우입니다. 수정이와 예슬이는 인공 지능 창작물에 저작권을 부여하는 것에 찬성하는 입장에서 생각이나 의견을 말했습니다.

> 지은이 기적학습연구소

"혼자서 작은 산을 넘는 아이가 나중에 큰 산도 넘습니다"

본 연구소는 아이들이 혼자서 큰 산까지 넘을 수 있는 힘을 키워 주고자 합니다.
아이들의 연령에 맞게 학습의 산을 작게 만들어 혼자서도 쉽게 넘을 수 있게 만듭니다.
때로는 작은 고난도 경험하게 하여 성취감도 맛보게 합니다.
그리고 아이들에게 실제로 적용해서 검증을 통해 차근차근 책을 만듭니다.

-국어 분과 대표 저작물 : <기적의 독해력> <요약독해의 힘> 외 다수
-영어 분과 대표 저작물 : <기적의 파닉스>, <기적의 영어리딩> 외 다수
-수학 분과 대표 저작물 : <기적의 계산법>, <기적특강> 외 다수

# 요약독해의 힘 3권

**초판 발행** 2024년 11월 18일
**초판 3쇄 발행** 2025년 11월 28일

**지은이** 기적학습연구소
**발행인** 이종원
**발행처** (주)길벗스쿨
**출판사 등록일** 2025년 5월 28일
**주소** 서울시 마포구 월드컵로 10길 56(서교동 467-9)
**대표 전화** 02)332-0931　　　**팩스** 02)323-0586
**홈페이지** www.gilbutschool.co.kr　　　**이메일** gilbut@gilbut.co.kr

**기획** 이경은(hey2892@gilbut.co.kr)　**편집 진행** 박은숙, 유명희, 이재숙, 유지선
**제작** 이준호, 손일순　**영업마케팅** 문세연, 박선경, 구혜지, 박다슬　**웹마케팅** 박달님, 이재윤, 이지수, 나혜연
**영업관리** 김명자, 정경화　**독자지원** 윤정아

**표지 디자인** 더다츠　**전산 편집** 린 기획
**인쇄** 교보피앤비　**제본** 경문제책

▶ 이 책은 저작권법의 보호를 받는 저작물로 이 책에 실린 모든 내용, 디자인, 이미지, 편집 구성은
　허락 없이 복제하거나 다른 매체에 옮겨 실을 수 없습니다.
▶ 인공지능(AI) 기술 또는 시스템을 훈련하기 위해 이 책의 전체 내용은 물론 일부 문장도 사용하는 것을 금지합니다.
▶ 잘못 만든 책은 구입한 서점에서 바꿔 드립니다.

ISBN 979-11-6406-799-2(길벗스쿨 도서번호 10989)
정가 12,000원

독자의 1초를 아껴주는 정성 **길벗출판사** ─────────────

**(주)길벗스쿨** 국어학습서, 수학학습서, 영어학습서, 유아동 단행본
**(주)도서출판 길벗** IT단행본, 성인어학, 교과서, 수험서, 경제경영, 교양, 자녀교육, 취미실용